Klaus Schädelin

Mein Name ist EUGEN.

Klaus Schädelin wurde 1918 in Bern an der Herrengasse geboren. Er absolvierte ein Theologiestudium in Bern, war Pfarrer in Attiswil (Kanton Bern), in Hünibach am Thunersee und danach neun Jahre in Bern an der Petruskirche. Er wurde schliesslich als Gemeinderat der Stadt Bern gewählt, wo er 16 Jahre lang als städtischer Fürsorge- und Gesundheitsdirektor amtierte. 1973 erlitt er einen Herzinfarkt und wurde darauf frühzeitig pensioniert.
Er war verheiratet und Vater von drei Kindern.
Klaus Schädelin verstarb am 13. Dezember 1987 im Alter von 69 Jahren.

Klaus Schädelin

Mein Name ist EUGEN
.

TVZ

1. Auflage 1955,	1. bis	5. Tausend
2. Auflage 1955,	6. bis	10. Tausend
3. Auflage 1956,	11. bis	15. Tausend
4. Auflage 1956,	16. bis	18. Tausend
5. Auflage 1957,	19. bis	21. Tausend
6. Auflage 1957,	22. bis	24. Tausend
7. Auflage 1958,	25. bis	29. Tausend
8. Auflage 1960,	30. bis	34. Tausend
9. Auflage 1961,	35. bis	44. Tausend
10. Auflage 1964,	45. bis	54. Tausend
11. Auflage 1967,	55. bis	64. Tausend
12. Auflage 1971,	65. bis	74. Tausend
13. Auflage 1975,	75. bis	84. Tausend
14. Auflage 1979,	85. bis	94. Tausend
15. Auflage 1981,	95. bis	104. Tausend
16. Auflage 1982,	105. bis	114. Tausend
17. Auflage 1985,	115. bis	126. Tausend
18. Auflage 1986,	127. bis	134. Tausend
19. Auflage 1986,	135. bis	144. Tausend
20. Auflage 1987,	145. bis	148. Tausend
21. Auflage 1988,	149. bis	158. Tausend
22. Auflage 1989,	159. bis	178. Tausend
23. Auflage 1995,	179. bis	188. Tausend
24. Auflage 2000,	189. bis	193. Tausend
25. Auflage 2002,	194. bis	196. Tausend
26. Auflage 2003,	197. bis	202. Tausend
27. Auflage 2004,	203. bis	207. Tausend
28. Auflage 2005,	208. bis	213. Tausend
29. Auflage 2005,	214. bis	222. Tausend

CIP-Titelaufnahme der Deutschen Bibliothek
Schädelin, Klaus:
Mein Name ist Eugen / Klaus Schädelin.
(Ill. von Rudolf Schnyder). –
29 Aufl. – Zürich: Theol. Verlage, 2003
ISBN 3-290-11470-8

© 1955 Zwingli Verlag Zürich
© 1971 Flamberg Verlag Zürich
© 1981 Theologischer Verlag Zürich

Konzeption und Relaunch: Patricia Büdinger, Augsburg
Umschlaggestaltung unter Verwendung
des Originalumschlages: Lydia Koch, Augsburg
Illustrationen von Rudolf Schnyder
Autorenfoto: Eduard Rieben
Gesamtherstellung: Clausen und Bosse, Leck
Printed in Germany
Alle Rechte vorbehalten.

Inhalt

Das nützliche Vorwort 7

Das lange Schwarze 10

Kurz vor Weihnachten 20

Der Ritter Eisenhut 29

Schwere Zeiten 52

Der Handballmatch 66

Das Köfferchen 78

Der heilige Franz 93

Das Oxyd 104

Die sogenannte Innerschweiz 122

Sie 140

Ein gewisser Fritz Bühler 149

Der wirkliche Fritz 159

Damals, als wir heimwärts zogen 172

Hochdeutscher Sprachführer zum Eugen 183

Das nützliche Vorwort

Mein Name ist Eugen. Das sagt genug, denn eine solche Jugend ist schwer. Im nächsten Juli bin ich dreizehn Jahre alt, und der Eduard behauptet, das sei ein Geburtsfehler, der sich leider nur sehr langsam korrigiere. Am nächsten Neujahr in acht Tagen wird er vierzehn, und das sei doch ein ganz anderes Gefühl. Die Idee mit diesem Vorwort ist nicht von mir, sondern vom Wrigley. Der liegt mir schon lange in den Ohren, ein Buch zu schreiben. Denn wer das tue, der gehe in die Geschichte ein und wenn man es dann noch auf einen zweiten und dritten Band bringe, bekomme man am Ende ein Staatsbegräbnis, und man führe den Leichnam auf einer Kanone in den sogenannten Invalidendom, und sie, meine Freunde, werden meine Bahre tragen, und der Bundespräsident werde ihnen bis tief in die Augen blicken und ihnen die Hand drücken. Ohne einen passenden Schriftsteller wäre zum Beispiel der Robinson Crusoe völlig lackiert gewesen, und man hätte ihn auf seiner Insel vergessen. Darum solle ich mich beeilen. Ich brauche ja nur sämtliche Schicksalsschläge von uns braven Buben zu notieren, so sei der Weg zum Ruhm offen.

Der Wrigley weiss, warum er so spricht. Denn gegenwärtig ist er in der Schule in drei Fächern unter dem Gefrierpunkt, und wenn nicht etwas geschieht, etwas ganz besonderes, so geht er freudlos unter. Zum Schreiben hat er mich verurteilt, weil mein Deutschlehrer behauptet, wenn ich noch weitere drei Jahre solche Fortschritte mache, wie bisher, so werde ich die deutsche Sprache völlig verlernt haben, und er gebe mir nur deshalb eine

Drei, damit er künftig noch tiefer könne. Darum findet der Wrigley, ich sei der geborene Schriftsteller. Im übrigen tue es den Erwachsenen gut, ein Buch von unserer herben Jugend zu lesen. Das stimmt. Ich kann es bestätigen.

Darum schreibe ich jetzt ein Vorwort. Zuerst muss ich dir, lieber Leser, einschärfen, dass wir sehr brave Knaben sind. Alles andere ist übertrieben. Leider hat das Schicksal mit uns gespielt, und meistens auch die Erwachsenen. Und wenn sogar wir manchmal fatale Ideen hatten, so wollest du bitte bedenken: Auch wir haben gewisse Erbanlagen von unseren Vätern. Das erklärt das meiste. Aber nun fürchte ich, ich muss dir noch einiges erklären, damit du hernach über uns im Bild bist. In dieser harten Welt besitze ich drei Freunde. Wir sind meistens zusammen, wenn nicht der eine oder andere von uns bisweilen in der Schule fliegt und dann warten muss, bis die anderen auch geflogen sind.

Da ist zuerst der Wrigley. Sein Name stammt vom Kaugummi, weil er einmal bei der alten Tante Melanie sass, wobei er ihr so ein Ding zusteckte, als wäre es Pfeffermünz, und sie sagte arglos: «I dangg dr», denn sie ist leider eine Baslerin. Und dann begann sie zu lutschen, hierauf zu kauen, und als sie das Ding nach einer Viertelstunde befremdete, nahm sie's heraus, klaubte es von einem Finger zum anderen, zog Fäden, geriet damit in die Handarbeit und verstrickte sich, bis sie den Wrigley zur Stube hinauswarf. Drum heisst er Wrigley. Daheim sagen sie ihm Franz, und in kritischen Momenten sogar Franz Stalder. Im übrigen wirst du diesen Menschen sehr bald kennenlernen.

Der dritte ist der Eduard. Das ist bekanntlich der, welcher einmal mit dem Rad nach Herisau gefahren ist, bloss weil ihm der Müller Ferdinand gesagt hatte, er besitze dort einen Schatz, aber der sei ihm verleidet. Er könne ihn haben, wenn er wolle und gab ihm die Adresse. Der Eduard nichts wie los, aber als er dorthin kam, bestand der Schatz nicht aus Diamanten, sondern aus einem Mädchen, das ihn blöd anschaute. Da fuhr er enttäuscht zurück und war so gedankenverloren, dass er in Aarau bei einer scharfen Kurve geradeaus fuhr, in ein Haus hinein, aber glücklicherweise durch die offene Tür, so dass er erst hinten bei der Treppe einen Salto machte. Kurz und gut, der Eduard ist eine Seele von einem Menschen, bloss etwas grob, und das kommt von seiner Konstruktion: Einen Kopf grösser als ich, und der Wrigley sagt von ihm, er sei mit einem Bizeps begnadet. Um Feinde zu verprügeln, ist er brauchbar. Im übrigen muss er schon alle fünf Wochen rasieren. Zu diesem Zweck hat er einen Hohlspiegel: Um die Häärlein zu suchen und zu fällen.

Zuletzt ist da noch der Bäschteli. Machen wir es kurz mit ihm. Es lohnt sich nicht. Er ist ein Milchkind. Auf jeder Ferienfahrt zum Beispiel läutet er der Tante an, und einmal haben wir vor der Kabine einem solchen Gespräch zugelauscht. Es begann so: «Bist du es, Tanti? Hörst Du?: Bf bf bf!» Das heisst, er hatte der Tante drei telefonische Küsse verabreicht. Eines solchen Knaben muss man sich schämen, und wir wären ihn schon lange gerne losgeworden, aber manchmal reizt es uns, ihn zu beschützen, und der Wrigley hält seine Hand über ihn, indem er sagt, der Kleine sei halt ein wenig unterbelichtet und zum Leben nicht ganz tauglich.

Wir Vier sind meistens zusammen, das heisst, am allermeisten der Wrigley und ich. Denn an der Herrengasse wohne ich nebst meinen Eltern im zweiten Stock, und Wrigleys im Parterre. Im ersten Stock aber belegt meine Tante Melanie mutterseelenallein ihre Dreizimmerwohnung. Das sind Umstände, die zu Komplikationen führen *müssen*. Eine Kostprobe davon gibt dir die erste Geschichte.

9

Das lange Schwarze

Es fing harmlos an: Mit den Vorbereitungen zum grossen Unterhaltungsabend im Casino. Ein Theaterstück war in Aussicht genommen, ein sehr schönes, schmalziges. Es heisst: «Abends, wenn wir schlafen gehen» und stammte von einer gewissen Frau Dr. Tüscher-Abegg. Leidigerweise kommt darin eine alte Tante mit einer Bettflasche vor, welche sie dem Buben vor seiner Abreise in die Ferien in den Rucksack tun will. Mit grossem Stimmenmehr wurde der Wrigley für diese Rolle ausersehen, weil er eine tiefe Stimme und viele Pickel auf der Backe hat. Das sei das richtige. Wir anderen waren geneigt, den Wrigley auszulachen, aber der nahm die Sache sehr ernst. Er sagte, das sei ja der Witz der hohen Schauspielkunst, dass man sich in die Brust ganz anderer Menschen versetze, und er werde sich in diese Rolle hineinleben, wie der Götze von Berlichingen in seine eiserne Faust, und er werde der Zuschauermasse eine Tante hinlegen, dass jedermann Gänsehaut bekomme.

Von diesem Augenblick an war er kaum mehr wiederzuerkennen. Er, der jeden Sonntag Heulkrämpfe bekommt, wenn ihn die Mutter zu waschen versucht, erschien plötzlich in der Sametkutte des älteren Cousins (das ist der, welcher Steuermann auf dem Titicacasee geworden ist), und in der Tasche steckte immer eine gefaltete Ausgabe der «Tribune de Lausanne», trotzdem er noch immer den Subjonctif verwechselt. Er sagte, jeder Schauspieler habe so eine in der Tasche, und überhaupt, er wurde auf eine Art seriös und ekelhaft, dass wir nichts mehr mit ihm anfangen konnten. Neue, merkwürdige Gewohnheiten überstürzten sich: Er übte einen nervösen Augenaufschlag, er kaufte ein Billett für das Weihnachtsmärchen im Stadttheater, weil man ihn bei anderen Stücken altershalber nicht einliess, und er, der Wrigley, sass mit Erst- und Zweitklässlern und sah sich das

Schneewittchen an. Kurz, er tat alles, was ein rechter Mensch nicht tut.

Daheim biederte er sich mit der Tante Melanie im ersten Stock an, trotzdem er sie bis jetzt einen Hemmschuh genannt hatte. Das kann ich selber bestätigen, denn die Tante hasste alles, was wir lieben und liebt alles, was wir hassen. Wenn ich zum Beispiel arglos in meinem Zimmer Hochsprung trainiere, so kommt sie herauf und schreit, ihr Kronleuchter wackele; wenn der Wrigley und ich den «Widiwädi Heirassa» singen, so tut ihr das in den Ohren weh; wenn ich trottinettle, so kommt sie und konfisziert es, und wenn ich ihr vom Garten aus zufällig und ohne böse Absicht eine Scheibe krümme, so gibt es Radau wie nach einem Schaufenster. Am meisten liebt sie uns, wenn wir krank oder in den Ferien sind. Ihre besondere Abneigung hatten wir uns aber nichtsahnend zugezogen, und das kam so:

Tante Melanie hatte einst einen Mann gehabt, der begreiflicherweise vor Jahrzehnten gestorben war. Er stand auf ihrem Klavier in einem dreistöckigen geschnitzten Rahmen, das heisst ein Photo von ihm. Dem hatten wir, und zwar nur überm Glas – einen Schnauz und auf die Nase eine Warze gemalt, aber als wir dabei waren, auch die Ohren zu verlängern, trat sie dazwischen, und die Folge war ein dreiwöchiger Taifun. Aus diesen und folgenden Gründen bin ich seither mit jedem Porträt, selbst dann, wenn es aus Gips ist, vorsichtig geworden.

Auch auf dem Dachboden harrte uns nämlich ein ähnliches Verhängnis. Dieser ist übermässig gross und ein wahres Paradies. Die Tante Melanie hat dort ein unfreiwilliges historisches Museum. Herrliche Sachen warten ständig auf uns Knaben. Als wir einmal dort oben für mein ehemaliges Dreirad eine Slalomstrecke absteckten, ahnten wir noch nichts. Es galt, eine komplizierte Piste abzurasen, die aus Spazierstöcken, Schirmständern und so weiter bestand. Bei dem Dachfenster vorne war der Start. Von hier aus ging es zuerst um den Schrank, dann unter den Schreibtisch, dann zwischen der Gipsbüste vom Beethoven und noch einem anderen hindurch, hierauf haarscharf am Wandspiegel vorbei, und schliesslich die Zielgerade bis zur Treppe. Der Wrigley rühmte mich nach den ersten Trainingsrunden ganz gegen seine Gewohnheit, und ich bekam das, was der Koblet Mumm nennt. Ich witterte einen Streckenrekord. «Eugen, zeig es ihnen», dachte ich nach einem raketenartigen Start, als ich mich unter den Schreibtisch bückte. Nachher drehte ich noch mehr auf, aber weil ich die Gipsbüste des Anderen streifte, sah ich mich um, und schon war ich im Beethoven, so, dass der Wrigley nachher sagte, der habe von nun an höchstens noch den Gipswert.

Ohne Lärm ging das natürlich nicht, und wo Lärm ist, da ist sofort auch die Tante Melanie.

Sie erschien auf der Bildfläche, noch ehe wir vollends im Schrank verschwunden waren. So, wie man etwa eine Katze am Schwanz unter dem Bett hervorzerrt, zog sie uns der Reihe nach ans Licht, und ich zweifle, ob wir die Angelegenheit seelisch überstanden hätten, wenn nicht nach wenigen Minuten im ersten Stock drunten die Milch heraufgekommen wäre, so, dass man es hier oben roch. Mit einem Schreckensschrei gab sie ihrer Milch den Vorzug, und seither bestätige ich gerne, dass ich, was an mir liegt, den letzten Beethoven meines Lebens überfahren habe, und überdies begreife ich seither den lieben Gott viel besser, dass er gesagt hat: «Du sollst dir kein Bildnis noch irgend ein Gleichnis machen.»

Aus diesen Gründen war es immerhin verwunderlich, als der Wrigley unvermittelt anfing, sich mit der Tante anzubiedern. Er trug ihr Kohlen herauf und Kehricht hinunter; er spielte auf ihrem Klavier mit einem Finger züchtige Lieder; ja, er war sogar einverstanden, dass sie mit ihm über die Jugend von heutzutage sprach. Er wurde mir immer mehr zum Fragezeichen, bis er mir nach vierzehn Tagen endlich, als wir auf dem Dachboden mit Brennholz eine Burg errichteten, des Rätsels Lösung bot.

Wieder einmal schwärmte er vom hohen Beruf des Schauspielers, und wie er sich ganz in seine Rolle versenke, und was die anderen wohl für Augen machen, wenn er ihnen nächste Woche bei der ersten Probe des Stücks eine ausgewachsene Tante bieten werde. Er habe keine Mühe gescheut, der Melanie ihre sämtlichen Kniffe abzulauschen: Zum Beispiel Baseldeutsch könne er bereits wie angeboren, und er gehe jede Wette ein, dass selbst ein Kenner ihn verwechseln müsse. Das brachte ihn auf die Idee, den Beweis anzutreten. Er zerrte mich die Treppe hinunter und flüsterte, ich solle jetzt bloss schweigen, hören, warten und dann davonrennen. Die Tante schlafe um diese Zeit, und weil sie überdies schwerhörig ist, war sein Plänlein einfach. Er stellte sich im Gang vor ihrer Türe auf und schrie:

«Paula!!» (das ist meine Mutter) «Kum abe, es isch mr schregglig schlächt! Aber me ka rieffe, es nutzt nytt! Stärbe ghennt me, es kraiti kai Hahn drno!»

Nach diesem Schrei machten wir uns treppab, und noch ehe wir die Haustüre erreichten, hörten wir meine Mutter aus dem obersten Stockwerk herunterrasen und die Türe im ersten Stock zuschlagen.

Als wir nach einer halben Minute wieder so unschuldig hinaufstiegen, als kämen wir aus der Schule und die Nase in Tantes Wohnung steckten, da hatte die Mutter unsere Baslerin bereits aus einem Nückerchen geweckt, und weil sie sehr verwirrt und unwirsch tat, meinte die Mutter, es stehe wohl sehr bös. Der Wrigley holte Wasser und begoss die Tante. Ich hielt ihr den Kopf, und wir waren so hilfreich und besorgt, dass die Mutter nachher fand, wir hätten sehr schön gehandelt, und ein solches Verhalten mache manche Untat wieder gut.

Die Alte sah uns aus ihren kleinen Äuglein erst eigenartig misstrauisch an, dann schimpfte sie eine Weile, dann brummelte sie etwas, dann begann sie in sich hineinzulächeln, und schliesslich sagte sie uns, das sei doch etwas Komisches mit allen Ohnmachtsanfällen, dass man hernach die letzten Minuten vor der Bewusstlosigkeit einfach aus dem Sinn verliere. Wenn wir nicht Zeugen wären, sie möchte wetten, dass sie vor einer halben Stunde aufs Bett gelegen sei, um ihr Schläfchen abzuhalten. Vom ganzen Zwischenfall habe sie keine Ahnung, und das sei doch typisch. Ihr Seliger zum Beispiel habe sich einmal zu Beginn einer Ohnmacht das Joghurt über den Kopf geleert und nachher behauptet, sie selber habe das getan.

Und weiter lächelte sie in sich hinein. Es sei ihr jetzt wieder wunderlich wohl. Da sehe man nur, was für eine Gesundheit sie trotz ihrer 75 Jahre besitze, und dann stand sie auf, holte aus dem Schrank die schauerliche Blechbüchse und spendete uns je zwei jener Biskuits aus dem letzten Schaltjahr.

Man sieht also: Wrigley war nicht vergeblich in die Schauspiellehre gegangen, und er sah den ersten Proben des Stücks mit Stolz entgegen.

Bald freilich tauchte ein neues Problem auf: Alle Schauspieler mussten ihre Kostüme selber beschaffen.

Drum fiel unser Blick von neuem auf die Tante Melanie. Sie hatte in ihrem Schrank die nötigen Tantenuniformen, und im Geist gingen wir schon all die Prachtstücke durch. Für Wrigley kam nur das lange Schwarze in Betracht, das sie bei festlichen Anlässen trug, jenes Kleid mit siebenhundert Knöpfen und dem Kragen mit Fischbein. Darin werde er ein Bombenerfolg, schwärmte Wrigley. Freilich verstand es sich am Rand, dass unsere Tante dieses Kleid nimmer freiwillig abtrete, und wir beide waren im Grunde gegen die Gewalt. Diese Tantentracht mir nichts dir nichts abzuhängen, war gegen die gute Sitte. Zuerst dachten wir ans Mieten, aber weil wir wussten, dass sie dieses Stück ihr zweites Hochzeitskleid nannte, weil sie es an ihrer silbernen Hochzeit trug, war auch an eine Miete nicht zu denken. Da hatte der Wrigley eine Idee:

«Eugen, wir exproprieren es!» Das mache nämlich die Regierung, wenn sie zum Beispiel ein Haus brauche, welches nicht käuflich sei. Das sei eine sehr gute Methode, und wir seien fein raus.

Damit war der Plan gefasst, und wir mussten bloss noch einen Augenblick abpassen, wo die Tante ausser Hauses war. Nicht, um das Kleid endgültig zu expropriieren. Das konnte erst im letzten Moment vor dem Unterhaltungsabend geschehen. Aber um eine Anprobe zu halten. Das sei wichtig. Der Pfarrer Kiengold zum Beispiel, der, welcher den Röbeli versehentlich am Auge getauft hatte, der habe einmal im Münster gepredigt in einem fremden Talar, und weil er ihn nicht anprobiert habe, sei er vor der Kanzel darauf getreten und der alten Frau Kindhofer direkt in den Schoss gestolpert. So etwas wäre zu vermeiden gewesen, und darum müsse eine Anprobe sein.

Wir warteten drei Tage, bis die Luft einmal ganz rein war. Als ein Riesenspass fing diese Sache an, und als ein Zwischenfall mit Folgen hörte sie auf. Der Wrigley trat vor den Schrank und holte das lange Schwarze heraus. Es war schaurig schön, erst noch, als er es angezogen hatte und anfing, zimperlich zu reden, zum Beispiel: «Eugen, gib mr e Schteggnoodle.» Das war ein Anschauen, sage ich euch: Dieser ungewaschene Hals in dem steifen Spitzenkragen, und darüber dieses Wrigleygesicht mit den vielen Pickeln. Er kam mir vor wie jenes Buch mit den Figuren, denen man die Köpfe wechseln kann.

Und dann kam der Gipfel: Der Wrigley tat plötzlich noch dämlicher, sagte: «Nai, Frau Diräggter» und solche Sachen, und auf einmal machte er den Hochstand, einen nach dem anderen, und wir lachten bei jedem ärger, bis ich zufällig unten die Haustüre schlagen hörte. Ein sattsam bekanntes Hüsteln sagte uns, wer da im Anzug war.

Der Wrigley – kreidebleich – flüsterte mir zu, ich solle sie im Treppenhaus aufhalten, derweil er sich zum Fenster hinaus in Sicherheit bringe. Mit beträchtlichem Herzklopfen gelang mir das,

und alles schien über Erwarten gut abzulaufen, weil es eine Viertelstunde später glückte, das lange Schwarze unvermerkt in den Schrank zurückzuschmuggeln.

Und doch hatte die Sache eine unverhoffte Folge, weil Frau Ott vom Nachbarhaus den Wrigley bei seiner Fassadenkletterei beobachtet hatte. Am Abend kam sie herüber und teilte meiner Mutter in vertraulichem Gespräch folgendes mit: Sie sei heute nachmittag zufällig am Fenster gestanden und habe unsere Tante heimkommen gesehen. Nun müsse sie ihr leider sagen, dass mit der alten Frau etwas nicht in Ordnung sei: Ungefähr eine Minute nach ihrer Heimkehr sei dieser gebrechliche Mensch über die Fensterbrüstung gestiegen. Fast hätte Frau Ott laut geschrien, aber sie unterliess es, um die Tante nicht zu erschrecken. Sie habe wortlos zugeschaut, wie die alte Frau verwunderlich behend am Spalier niederkletterte und mit einem Sprung die Strasse erreichte, um sogleich wieder durch die Haustüre zu verschwinden.

Das sei doch eigenartig.

Diesen schrecklichen Ausflug unserer guten Tante vernahm ich, als die Mutter ihre ganze Familie und auch den Wrigley versammelte, um ernst mit uns zu reden. Sie sagte, es sei ganz klar, was da drunten vor sich gehe: Die gute Tante habe ja letzte Woche ihre Ohnmacht gehabt, und jetzt zeigen sich die Folgen. Das sei der Beginn der Arterienverkalkung, und von jetzt an heisse es auf die Frau aufpassen. Wir sollten sie recht schonungsvoll behandeln, sie nie zu lange alleinlassen, und ihr ja nichts von der schauerlichen Kletterei sagen. Sicher wisse sie auch davon nichts, und wir müssten ihr allen Kummer ersparen.

«Abgemacht?»

«Abgemacht!» erwiderten der Wrigley und ich aus voller Seele. Der bedrohliche Zustand der Tante besserte sich allmählich wieder, und weil wir ihr die Hände unter die Füsse legten, wurde ihre Kruste etwas aufgeweicht. Derweil aber rückte der Unterhaltungsabend heran, mit dem Kulissenmalen, Belegtebrötleeinstreichen, Tombolalose rollen, mit Proben, Hauptproben, Generalhauptproben, und was so alles dazugehört. Und schon rückte der entscheidungsschwere Samstag heran. Alles war bis aufs Kleinste geplant. Mit dem Rock wollten wir zuwarten bis zur vorletzten Minute nach dem Nachtessen, wo ich die Tante, die bei uns oben isst, beiseite nehmen sollte, um ihr weitschweifig meine Briefmarken zu erklären und das Feld für Wrigleys Expropriieren freizumachen. Auch der Wrigley ass damals bei uns.

Alles schien zu klappen. Bis die Mutter gegen Ende der Mahlzeit dummerweise sagte: Abgewaschen werde heute nicht. Das habe Zeit bis morgen.

Ja, was es denn heute gebe? fragte die Tante. (Mir wurde das linke Ohr warm.)

«Ja, weisst du nichts vom Unterhaltungsabend?» – Und schon erzählte sie, was bevorstehe, und dass auch der Wrigley mitspiele.

«Nai, wie nätt!» Und schon hatte die Tante beschlossen, mitzukommen.

Warum das nicht ging, lag für uns zwei auf der Hand, denn welchen Mordsspektakel musste das absetzen, wenn sie die kurze Szene mit dem Wrigley und ihrem eigenen Rock zu Gesicht bekäme.

Tante Melanie rollte hastig ihre Serviette zusammen und sagte, sie müsse sich beeilen und sich noch umziehen. Wir dachten an das lange Schwarze.

Neinnein, umziehen brauche sie sich nicht, und überhaupt, das sei nur ein Abend für Jugendliche!

Sie aber strahlte und rief, sie fühle sich jugendlich wie noch nie und war nicht abzuhalten.

Ja, stammelte der Wrigley, aber schwarz dürfe man nicht kommen, schwarz auf keinen Fall.
Sei auch gar nicht nötig, sie habe noch das Dunkelviolette aus jüngeren Tagen. Ob das nicht gut genug sei?
«Aber natürlich!» – brüllten wir wie aus einen Mund.
Verwirrt und voller Panik in der Seele stürzten wir davon, in Tantes Wohnung, bevor sie herunterkam, rumms, Schrank auf, Rock heraus, und draussen waren wir, wo wir uns mit zitternden Gliedern berieten, wie man die Tante verhindern könnte, die kritische Szene, die ja nur zwei Minuten dauert, mitanzusehen.
Wrigley sagte, doppelt genäht halte besser. Er werde dafür sorgen, dass sie im rechten Augenblick ans Telefon gerufen werde, und ich solle mir einen Platz neben ihr besorgen, um sie notfalls zu behandeln. Zum Beispiel, ich solle im richtigen Augenblick wie unabsichtlich meinen Geldbeutel mit den Räpplern aus Mutters Haushaltkässelein vor ihre Füsse fallen lassen, und sie müsste nicht eine Baslerin sein, wenn sie mir in den folgenden Minuten nicht beim Auflesen helfe.
Nach diesem etwas verzweifelten, doppelt genähten Plan verfuhren wir. Ich setzte mich neben die Tante Melanie, in die dritthinterste Reihe. Vom Stück hatte ich gar keinen Genuss, denn die Kupfermünzen in der Tasche mahnten beständig.
Der erste und der zweite Akt waren vorüber, der dritte mit Wrigley in der Mitte brach an. Schon kam das mit der Bettflasche, und in einer Minute war es soweit.
Da öffnete sich die Saaltüre, und wie ein erlösender Engel kam der Güschteli herein und schrie in die stille Dunkelheit: «Frau Hürzeler, ans Telefon!»
Die Sache klappte ganz und gar nicht, denn erstens war die Melanie so völlig ins Stück vertieft, dass sie ihren Namen nicht hörte, und als ich sie anstiess, hatte sich zweitens schon lange eine Frau in der vorderen Saalhälfte erhoben und steuerte dem Ausgang zu, weil offenbar auch sie Frau Hürzeler hiess.
Nun blieb bloss noch der Geldbeutel.

Ich klaubte ihn hervor, und im entscheidenden Moment klinkerte sein Inhalt übers Parkett vor Tantes Füsse.
Doch statt sich zu bücken, machte sie mit hochgerecktem Hals nur ein ärgerliches «z z» und liess mich selber zwischen den Beinen der Nachbarn herumkriechen.
Dort unten im Untergrund hörte ich Wrigleys Baseldeutsch, hörte das Kollern der Bettflasche, und als mir nichts anderes übrigblieb, als wieder aufzutauchen, war ich einer klatschenden Ohrfeige sicher.
Aber, o Wunder, Tante Melanie beachtete mich nicht, sondern sah geradeaus und klatschte nach diesem letzten Akt begeistert.
Sie sagte hernach, diese Meisterleistung Wrigleys sei eine kleine Lüge und einen Kleiderraub wert gewesen, bloss solle man ihr so schnell wie möglich das lange Schwarze zurückerstatten, denn sie schäme sich nun doch, sich beim zweiten gemütlichen Teil im Dunkelvioletten zu zeigen.
Ich war erlöst und schwebte die nächste halbe Stunde wie auf Wolken. Ich muss gestehen: Ich liebte diese Tante auf einmal ganz gegen meinen Willen, und erst spät kam ich auf den Gedanken, den Wrigley aufzusuchen, um ihm zu berichten, wie es glimpflich abgelaufen sei.
Ich fand ihn nach langem Suchen bleich in der Garderobe, und er wollte sich von mir nicht trösten lassen.
«Wrigley, Kopf hoch! Es ist alles im Blei!»
«Ja, schön im Blei», murmelte er.
Und nun erzählte er mir, was *er* wusste.
Die Tante war nämlich richtig in der Garderobe erschienen, hatte hinter der spanischen Wand die Röcke vertauscht, war in den Saal zurückgekehrt, nachdem sie dem Wrigley die Wange getätschelt hatte. Aber kaum fünf Minuten seien vergangen, da sei sie wie ein zorniger Blitz und wie verwandelt zurückgekehrt, habe sich vor ihm postiert und ihm eine Lusche hinter die Ohren gehauen, dass er seither Mücken höre. Dann sei sie verschwunden mit den Worten: «Bürschchen, wir rechnen morgen ab!»

Was in aller Welt denn geschehen sei?

Ja, was war geschehen?

Die Tante hatte sich im langen Schwarzem in den Saal zurückbegeben, dort sah sie der Eduard, und zwar nur von hinten, und weil er meinte, sie sei immer noch der Wrigley, ging er auf sie zu, hieb ihr gewaltig auf die Schulter und sagte:

«Bist du eigentlich vom Aff gebissen?»

Da kehrte sie sich um, und das Missverständnis war wenigstens für den Eduard aufgeklärt.

Nun sass der Wrigley geknickt auf der Bank, derselbe Wrigley, der in der Schule Ohrfeigen der Lehrer hinnimmt, wie das tägliche Brot. Mit umwölkter Stirne brummelte er: Sich von einer Frau schlagen lassen, heisse für immer entehrt sein.

Lieber Leser, spürst du die Moral?

Wenn nicht, so rate ich dir, nur ja nie Röcke zu expropriieren.

Kurz vor Weihnachten

«Stälder, was häst du in deinem Pult?» fragte der Lehrer soeben den Wrigley, der mit einem roten Kopf über seinem Buche sass und tat, als habe er viel zu tun. Obschon er ein scheinbar gleichgültiges Mienenspiel hatte, sah man ihm an, dass vor einigen Sekunden ein Skandal seinen Anfang genommen hatte.

Ja, wirklich, dem Wrigley war vorhin etwas Blödes passiert. Seit einer Woche hatte er mit dem sogenannten Käthcli Zeller eine Rechnung zu begleichen, weil er auf hinterlistige Weise von demselbigen verraten worden war, und weil wir wussten, dass dieses Mädchen vor Katzen ungefähr soviel Angst hat, wie normale Menschen vor den Löwen, hatte er die Cousine unserer Hauskatze mit in die Schule gebracht, um sie dem Kätheli in den Schulsack zu schmuggeln. Und wie das so geht, ausgerechnet an diesem Nachmittag musste die Zellerkäthle fehlen. Drum verstaute der Wrigley das Tierlein einstweilen in seinem Pult.

Das hätte ja nichts geschadet, wenn das Biest nicht auf einmal begonnen hätte zu miauen, zuerst sehr zierlich, und dann so laut, dass der Lehrer zorngeschwellt nach hinten kam und wie schon beschrieben, vor dem Wrigley stehenblieb.

«Will der Stälder vielleicht so freundlich sein, den Pultdäckel in die Höhe zu häben?» fuhr Herr Zacharias Lehmann mit seiner komischen Sprache fort und besorgte die Sache gleich selber, indem er dem Wrigley eine Ohrfeige klebte und mit einem kühnen Griff das Tierlein ans Licht beförderte.

«Stälder, das ist kein schlächtes Beträgen, däs ist eine schlächte Leistung! Note eins!» keuchte er und liess einen zweiten Schlag folgen.

Und dann öffnete er genussreich das Fenster und warf das Kätzlein sage und schreibe vom ersten Stock auf die Strasse hinunter (gottlob hatte es Schnee). Anschliessend setzte dieser rohe

Mensch den Wrigley vor die Türe und den Zwicker auf die Nase, nahm das Meerrohr aus der Ecke und verkündete:
«Probe, elände Bande, Probe! Häfte rraus, Näme oben rächts. Erschtens ...»
Und dann hatten wir eine, so eine von den grauenhaften Proben, so von der Gründung Roms bis zum Luther.
Der Wrigley vor der Türe aber schäumte inzwischen begreiflicherweise in einer wahren Höllenwut, so dass er sich bereits ausmalte, wie er den Zacharias martern wolle.
Als wir uns (das heisst, der Eduard, der Wrigley und ich) in der Pause versammelten, um über die notwendige Rache zu beraten, da war er voll von den blutrünstigsten Plänen, denn ein Tierlein zum Fenster hinausschmeissen, auch dann, wenn es ihm nichts getan hatte, erfordere eine schwere Strafe, das ist ganz sonnenklar.
Der Wrigley meinte, wir müssten den Zacharias und seine Kinder und Kindeskinder bis in das dritte und vierte Glied strafen. Dumm war bloss, dass der alte Lehmann weder Kinder noch Kindeskinder hatte; doch der Wrigley tröstete uns mit seiner Haushälterin, die zur Not als Ersatz genüge, und Schwierigkeiten bereitete eigentlich bloss die Frage des dritten und vierten Gliedes, bei denen es uns nicht ganz klar war, ob da Daumen, Hand, Arme oder Beine gemeint seien; aber das war ja schliesslich nur so eine Einzelheit.
Nach einer Viertelstunde einigten wir uns auf einen Racheplan, welcher der Katzengemeinheit ziemlich ebenbürtig schien:
An der Wandtafel prangte seit zwei Tagen, von Zachariassens Hand, ein wunderschöner Plan von Palästina mit farbiger Kreide, an dem er eine halbe Nacht gearbeitet hatte, und auf den er sehr stolz war, besonders noch, weil man für morgen oder übermorgen den Schulinspektor erwartete. Heute war Mittwoch, und am Nachmittag wollte der Wrigley mit uns in die Schule, um

Palästina mit dem Schwamm auszulöschen, und er freute sich schon jetzt an des Lehrers Zorn und Galle.

Um zwei Uhr warteten wir einander im Hof unten. Und dann gingen wir vorsichtig hinauf zum Klassenzimmer. Es ist etwas Komisches, ein leeres Schulhaus, so ganz still, wenn vom Morgen her noch das Gerüchlein, nicht aber der Lärm zurückgeblieben ist. Das Haus lief mir ganz kalt den Rücken hinunter: Es war sehr feierlich, wie in einer Kirche.

Freilich, recht unheimlich wurde es erst, als wir vor unsere Türe kamen und aus dem Zimmer heraus einen schrecklich ungeheuren Ton vernahmen: «Chooh, chohhh, chohh» machte es drinnen in regelmässigen Abständen, und wir wagten nicht, hineinzugehen, weil es genau so tönte, wie ein Gespenst. Der Wrigley tastete nach der Türfalle, liess sie aber gleich wieder fahren, weil drinnen sich das «chohh, chohh» in ein «ächzg, äächzg» verwandelte, und es wurde noch unheimlicher.

Der Eduard und ich wären zu gerne wieder abgeschlichen, aber da bückte sich der Wrigley zum Schlüsselloch, stierte eine Weile hindurch und fing dann an, ganz leise zu grinsen.

Und jetzt öffnete er sachte, sachte die Tür – und drinnen sass Herr Zacharias Lehmann am Lehrerpult, vor sich einen Stoss Hefte, den Kopf vornübergeneigt und schnarchte, was das Zeug hielt. In seiner Hand war noch die Feder mit der roten Tinte, aber das schönste: Aus seinem Munde war das Gebiss herausgefallen und lag auf dem obersten Heft wie auf einem Teller.

Ich wollte gleich wieder umkehren, aber der Wrigley hatte ein ganz fatales Lächeln auf seinem Gesicht, wie er es immer hat, wenn es etwas gibt, und er nahm mich am Rockzipfel und den Eduard am andern und schlich behutsam mit uns auf das Lehrerpult zu. Was teufels wollte das Kalb dort? Es wurde mir himmelangst, aber noch viel ängster, als der Wrigley das Gebiss behutsam zwischen dem Kopf des Zacharias und den Heften hervorangelte, um es im Sack verschwinden zu lassen.

Mit Herzklopfen kamen wir hinaus, ohne dass der Alte erwacht wäre, schlossen die Türe hinter uns und machten uns flüssig. Drunten hatte der Wrigley einen fürchterlichen Ast vor Lachen. Zuerst drehten, wendeten und berochen wir das Gebiss, und dann fanden wir alle: Genau so etwas habe es gebraucht: Jetzt sei die Katze gerächt, und ein Gebiss sei noch besser als das dritte und vierte Glied, und das sei jetzt aber sehr gut gegangen, und wir möchten nur sehen, wie der Zacharias heute abend sein Brot esse, hahaha!

Nach kurzem Kriegsrat gingen wir in den Dählhölzliwald und begruben das Gebiss in einer Schachtel, denn mit uns herumtragen konnten und wollten wir es nicht: Erstens war es grausig anzusehen, und zweitens hätte man uns erwischen können.

Es war mittlerweile ziemlich spät geworden. Ein leichter, feiner Schnee fiel leise vom Himmel herab, und wir mussten nach Hause, denn heute war bei den Pfadfindern Waldweihnacht.

Die Geschichte mit dem Gebiss war darum schnell vergessen: Der leise Schnee und der dunkle Abend und die Strassenlaternen, um die herum es glitzerte und flirrte, und der Mann auf dem Denkmal, der schon einen Zylinder, und die Brunnenröhre, die schon einen Bart hatte, das war alles viel zu schön, als dass daneben noch anderes Platz gehabt hätte. Die Welt war ganz still geworden; die weisse Decke schluckte alle Töne auf, und uns Knaben blieb nichts anderes übrig, als uns darin herumzuwälzen vor Freude.

Beim Studerstein war Antreten. Von hier ging es in Einerkolonne in den Wald hinein, vor jedem Fähnlein der Jüngste mit einer Kerze, und die Flocken, die mittlerweile etwas grösser geworden waren, setzten sich auf den Hutrand.

Keiner sagte mehr ein Wort. Nicht einmal der Wrigley hinter mir, sondern alle sahen auf das Kerzlein und die langen Schatten und auf den Schnee und auf die dunklen Tannen. Nach einer Weile gab es in der Ferne zwischen den Bäumen hindurch einen hellen Schein, und jeder wusste, dass dort das Tannenbäumchen stand. Und es wurde noch schöner und noch feierlicher.

Ja, so war es, und doch habe ich nur die Hälfte erzählt: Auf dem langen Weg, als niemand mit einem sprach, sah ich auf einmal den Zacharias Lehmann vor mir, wie er heute nachmittag so ganz allein in der Schulstube sass und vor lauter Alter und Einsamkeit einschlief. Ich sah ihn wieder, vornübergebeugt über die Hefte, mit etwas schauderhaft Traurigem im Gesicht, eben so, wie es ein alter Mann hat, wenn er vor lauter Alleinsein einnickt. So wie heute nachmittag hatte ich ihn noch nie gesehen. Vor der Klasse war er sonst immer wie ein lötiger Teufel, aber jetzt, wo er einzig mit sich selbst in der leeren Schulstube sass, war er ganz anders: Wirklich nur noch so ein alter Mann, dem der Kummer noch in den Schlaf hinein nachgeht. Was mochte er vor dem Einschlafen gedacht haben? Konnte ein Zacharias Lehmann, ein so gewaltiger Lehrer, überhaupt Sorgen haben? – Wahrscheinlich schon, sonst hätte sein Gesicht nicht einen solch erbärmlichen Ausdruck getragen.

Wir waren unterdessen beim Weihnachtsbäumchen angelangt und stellten uns rundherum und sahen in die Kerzchen und in das Licht von ihnen, das auf dem Schnee am Boden herumtanzte. Wir sangen fast gar alles, was man an Weihnachten fast von selber singt, und diese Lieder mit dem Schnee und dem Wald vermischt, machten einem das Gefühl, als sei alles gut.

Aber wie war wohl das Erwachen des Zacharias gewesen, als er seinen unentbehrlichen Gegenstand vermisste?

Hatte er geflucht, oder war er am Ende noch trauriger geworden, noch stiller und noch grämlicher?

Der Führer las die Weihnachtsgeschichte. Die kenne ich schon auswendig vom vielen Vorlesen, aber heute war sie ein wenig anders. Entweder passte sie nicht so ganz zu mir oder ich nicht ganz zu ihr, denn ich kann nicht behaupten, es habe mir wohlgetan, als die Engel wieder einmal riefen:

«Ehre sei Gott in der Höhe und Friede auf Erden und den Menschen ein Wohlgefallen.»

Da war also der stille Wald, und der Führer las, wie der Heiland auf die Erde gekommen sei, um den armen Menschen grosse Freude zu machen, aber hinter diesem Wald ging vielleicht im selben Augenblick ein alter Mann vornübergebeugt und erschrocken seinem Hause zu. Der Führer las von den Hirten auf dem Feld, wie sie zum Stall kamen, den Heiland zu sehen, aber bereits vor dem Stall draussen hatten meine Gedanken sie verlassen, und es begann da drinnen etwas zu kochen, bis es aus mir herausbrummelte: «Das war gemein.»

Und dann wurde ich rot, denn der Bäschteli sah mich blöd an, und ich merkte, dass ich laut gemurmelt haben musste, und ich schämte mich.

Und doch hatte es mir den Zapfen abgejagt; denn als wir am Schluss noch einmal sangen, da brüllte ich das «Stille Nacht» dermassen in den Wald hinaus, dass sich etliche umdrehten, und als wir wieder in Einerkolonne den Wald verliessen, da war die Weihnacht mit einer halben Stunde Verspätung für mich erst angebrochen.

Ich drehte mich zum Wrigley und zum Eduard um und flüsterte ihnen zu, ob es nicht besser wäre, die Sache mit dem Zacharias irgendwie ins Blei zu bringen.

Doch er und der Eduard grinsten mich aus und nannten mich ein Milchkind: Der Streich sei doch gerissen, und falls der Zacharias nicht ein Reservegebiss habe, werde das morgen in der Schule ein schönes Hallo geben, und wenn ich Angst habe, so solle ich zur Mamma gehen und einen Nuggi verlangen und solche Sachen.

So wandte ich mich denn wieder ab und beschloss, selber zu handeln.

Nach dem Abtreten rannte ich quer durch die Stadt zum Dählhölzliwald, um das Schächtelchen auszugraben. Ich musste lange suchen, denn hier hatte es keine Kerzen. Fast gar wäre ich aus Angst noch umgekehrt, als ich keine dreissig Meter von mir einen Ast verdächtig knacken hörte. Ich wusste, was ich dem Zacharias heute abend schuldig sei; drum hielt ich durch und fand nach einer halben Stunde auch wirklich die Stelle. Aber merkwürdig:

Rundherum war der frische Schnee zertreten, und neben dem Baum war das Loch schon ausgegraben. Was war da geschehen? Hatte uns am Nachmittag jemand beobachtet und war nachts zurückgekehrt, um nachzugraben, weil er meinte, wir verstecken einen Schatz?

Das war bitter, denn das Gebiss war weg, und guter Rat war teuer. Zudem konnten die Räuber noch nicht weit gekommen sein, und ich schwebte in Todesgefahr.

So schnell bin ich noch nie zu einem Wald herausgeraten, wie diesmal, und erst unter den sicheren Strassenlaternen überlegte ich mir, was da noch zu retten sei. Gottlob kam mir die richtige Idee:

Hatte nicht die Tante Melanie im Nachttischschublädchen noch die sämtlichen Effekten ihres ehemaligen Mannes: Die Uhr, den Rasierpinsel, die Manschettenknöpfe und in einer Schachtel sein Gebiss? Was brauchte der Verblichene diese Sachen noch? – Und was konnte die Tante noch mit den Zähnen anfangen? – Nahm man ihr die Uhr, so war das Diebstahl. Nahm man aber das Gebiss, so war das höchstens Entrümpelung, denn die Tante Melanie hatte längst die Hoffnung aufgegeben, einen Zweiten zu finden.

Noch einmal an diesem Tage schlich ich mich gebisshalber durch eine Tür. Tante Melanie lag und schlief. Nein, sie sass schon eher. Und wenn sie einmal schläft, dann schläft sie. Das ist bekannt. Das Schublädchen war bald offen. Nach einigem Grübeln fand sich auch die Schachtel, und während ich mich auf den Zehenspitzen hinausmachte, schwor ich mir, sie in spätestens einer Woche ins Vertrauen zu ziehen.

Leider konnte ich die Angelegenheit heute abend nicht mehr erledigen, denn oben waren Mutter und Vater noch auf, und sie überwachten sowohl das Zähneputzen wie das Zubettgehen, und ich musste alles auf morgen verschieben. Das eine freilich stand schon heute fest: Das war meine Sache, und weder den Wrigley noch den Eduard ging sie etwas an.

Am nächsten Morgen befühlte ich auf dem Schulweg in der Tasche Zahn für Zahn und freute mich auf die Wohltat an Zacharias. Aber was war denn das?
Kommt der alte Mann nicht mit seinen sämtlichen Zähnen zur Stube herein, als wäre nichts geschehen, und zwinkerte er dem Wrigley und dem Eduard dicht verständnisvoll zu; und erklärte er nicht vor versammelter Klasse, es tue ihm leid, gestern eine Katze misshandelt zu haben?
War es gestern abend also nebst mir noch für drei andere Weihnacht geworden?

Der Ritter Eisenhut

Seit je war mir die Gegend ums historische Museum verhasst: Erstens weil in seiner Nähe ein paar Schulen sind, welche die Jugend verdüstern. In einer von ihnen wurde mein Charakter geprägt, und wem der missfällt, der wende sich bitte an den richtigen Ort.

Zweitens steht dort auf dem Helvetiaplatz das Telegraphendenkmal: Was ich diese Helvetia aus Eisen, diese Riesenmadam hasse, seitdem man mir einst in der zweiten Klasse gesagt hatte, ich solle ihr auf den Schoss klettern, und dann drücke mich der Bäschteli mit seinem Kodak ab, und das sei eine schöne Erinnerung. Sie halfen mir selbdritt auf der Helvetia ihren Riesenschoss, und nicht nur war es mir dort sehr schwindlig und schämte ich mich, wie immer mit Mädchen, sondern von unten herauf lachten sie und nannten mich Bubi, und dann waren sie auf einmal verschwunden, und ich blieb allein auf weitem Schoss zurück. Zudem war der Rock der Helvetia von der Sonne sehr heiss, und weil ich erst in die zweite Klasse ging, heulte ich los, was ich konnte, bis mich der Stationsvorstand vom Muribähnchen rettete. Das war eine meiner grössten Blamagen, besonders noch, weil mich der Bäschteli tatsächlich photographiert hatte, aber erst beim Heulen. Und seither sagten sie mir jeden Morgen in der Schule: «Eugen, denk mal, wie du auf dem Denkmal warst!»

Genau hundert Meter hinter dieser Helvetia ist das historische Museum. Lange Zeit war es mir bloss verhasst, aber sonst nicht besonders unsympathisch. Es war der Ort, wo wir hin mussten, wenn wir die Woche über brav gewesen waren.

29

Aber dann ist einmal der Tag gekommen, wo selbiges Museum ein furchtbares Drama wurde, denn was dort drin geschah, das ist geradezu historisch.

Und das kam so: Im Zeichnen in der Schule hatten wir sämtliche Gipsfiguren, die auf einem Gestell standen, schon lange abgezeichnet, und weil zufällig auch der Herbst vorbei war, gab es keine farbigen Blätter mehr, die sich rot und braun malen liessen. Dem Lehrer war somit der Stoff ausgegangen, und darum führte er uns jeden Montag und Freitag ins historische Museum, das während dieser Zeit für andere Besucher geschlossen ist, und dort zwang er uns zum Abzeichnen von Vasen, Helmen und solchem Blödsinn.

Ich glaube zwar, selbiger Lehrer habe den Unterricht nur deshalb ausser die Schule verlegt, damit er in der Eintracht ungestört sein Gläschen kippen konnte, denn während der Stunden zeigte er sich nur ganz am Anfang und überliess hernach die Aufsicht der Wärterin.

Diese Zeichnungsstunden wären über alle Massen langweilig geworden, hätten wir ihnen nicht die nötige Würze verliehen, indem unserer paar hin und wieder kleinere Exkursionen machten, zum Beispiel in die Folterkammer hinunter, wo wir einmal am Bäschteli die Daumenschrauben ausprobieren wollten und ihm nachher den Mund zuhalten mussten, damit die Wärterin sein Heulen nicht höre. Auch andere Sachen probierten wir: die grosse Postkutsche, das Kanu der Eskimos, und manchmal hielt uns der Wrigley eine Rede vom Schultheissenstuhl herunter, und einmal machten sie im zweiten Stock sogar mit Hellebarden ein Duell.

Ich glaube, damit hat das Schicksal angefangen. Denn in der nächsten Nacht legte der Wrigley das grosse Ei, wie er das nannte. Seit einiger Zeit schlief ich nämlich bei ihm drunten in seinem Zimmer, und das kam so:

Dem Doktor Ebenezer Bischof, einem Freund meines Vaters, war sein Haus niedergebrannt, als er für seine Kaninchen Heu vom

Dachboden herunterholte und leider die Zigarette oben liess. Der Doktor war also obdachlos geworden, und bei der herrschenden Wohnungsnot hatte ihm mein Vater für einige Wochen bei uns Unterkunft angeboten, ausgerechnet in meinem Zimmer, denn man fand, der Wrigley und ich passen nicht schlecht zueinander, und wir könnten ruhig ein wenig seine Bude teilen.

In jener Nacht war ich schon lange eingeschlafen und träumte, ich liege im Grand Prix an zweiter Stelle. Zu meinem Ärger zwang mich jemand zu einem Boxenaufenthalt, riss mich aus dem Wagen, und dann merkte ich halbwegs, dass es der Wrigley war, der mich an den Schultern zog.

Er begann auf mich einzureden, so stürmisch und ausführlich, dass ich Angst bekam, wenn er nicht bald aufhöre, so hole ich meinen Rückstand auf Farina nimmer auf.

Er keuchte, schon zwei Stunden liege er wach.

Er habe eine Idee, die Idee des Jahrhunderts, und es nehme ihn wunder, dass man das Museum so lange habe stehen lassen, ohne daraufzukommen: Das ganze Museum sei nämlich ein kolossales Missverständnis.

«Eugen! Meinst du, alle die Rüstungen im Museum seien bloss zum Abstauben und Aufhängen gemacht? – Mit nichten! Sondern die soll man tragen in der Schlacht! Wo wäre der Parziwahl geblieben, wenn sein Helm im Kampf mit dem Grahl im Museum gehangen hätte, statt auf seinem Kopf, he? Und der Prinz Eugen, der edle Ritter, als die Römer frech geworden? – Der wäre schön lackiert gewesen ohne seine Beinschienen! Die haben ...» und so ging es wohl weiter; wie lange weiss ich nicht, denn immer noch schlaftrunken war ich fest entschlossen, das Rennen wieder aufzunehmen, aber trotzdem ich die Augen zutat, gelang es mir doch nicht mehr: Ich sass nicht mehr im Alfa Romeo, sondern im Dornröschenschloss, und immerfort bedrängte mich der Wrigley in einer Rüstung, sein Ross zu besteigen und mit ihm ins Gymnasium zu reiten.

Am nächsten Morgen dachte ich meinerseits kaum mehr an den

nächtlichen Zwischenfall, aber der Wrigley lief bis am Freitag in der Welt herum, wie der Kolumbus, kurz bevor er sein Schiff bestieg.

Wiederum hatten wir Zeichnen im Museum. Es war Freitag. Halb vier Uhr nachmittags. Wir sassen alle auf unseren Klappstühlchen im Seitensaal des ersten Stocks im Halbkreis um eine zerbrochene und nur notdürftig zusammengeleimte Vase herum. Darunter stand zu lesen: «Griechisch». Meiner Ansicht nach gehört so etwas auf den Mist, denn sie war nicht etwa neu, sondern steinalt, und ein rechtes Jammerbild. Die sollten wir zeichnen!

Ja, das ist immer so: Fast gar alles, was ich ungern sehe, habe ich in meinem jungen Leben auf Befehl der Lehrerschaft schon abgezeichnet. Lasst euch das gesagt sein, ihr Erzieher: Da klagt ihr immer, wir seien faule Nieten. Aber setzt ihr uns doch einmal vor einen schnittigen Ferrari, und die Mädchen vor das Schaufenster des Bon Marscheh, dann wollen wir euch etwas vormachen!

Wir sassen also und zeichneten. Ich kann nicht behaupten, ich hätte nichts geahnt, denn schon beim Betreten des Museums war mir das nächtliche Gespräch wieder eingefallen. Zudem war der Wrigley seit etwa zehn Minuten verschwunden, und ich war nicht halb so verwundert, als es plötzlich im Saal klirrte und der Wrigley, dieses Kalb, strahlend und ziemlich verändert hereintrat!

Er stand vor uns in einem glänzigen Brustpanzer, mit Beinschienen, Armschienen, einer Hellebarde und einem Gugelhopf aus Eisen auf dem Kopf!

Riesiges Gelächter!

Doch der Wrigley blieb ernst und sagte mir dumpfer Stimme: «Wehrhafte Männer, holdreiche Frauen! (es hatte gar keine!) Ich, der Ritter Eisenhut, lade euch alle zu einem männermordenden Turnier auf meine Burg. Nehmet eure ruhmbedeckten Schwerter, setzet den buschigen Helm auf eure Häupter (der Wrigley hatte ohne Zweifel diese Rede von langer Hand trainiert) und stellet euch zum männlichen Zweikampf. Und seid gewiss ...»

Hier unterbrach er sich, wickelte sich in den Vorhang neben der Türe und wurde unsichtbar, denn man hörte und sah anschliessend die Wärterin auf ihrem Kontrollgang. Da bei uns alles eifrig am Zeichnen war und sie unser Herzklopfen ja nicht sehen konnte, machte sie kehrt und setzte drunten ihr Nückerchen fort.
Der Wrigley wieder heraus aus dem Vorhang, die ganze Bande auf, und keine Minute später hatte sich jeder etwas abgehängt, eine Waffe oder einen Panzer, und der Mündu sogar das kleine Kanönchen.
Bloss, ich sah es schon von weitem: Eine Mordsangst hatten sie alle: Keiner wagte sich in eine Rüstung. Wrigley blieb unbestritten der Held des Tages, und das ist bei ihm jedesmal eine Gefahrenquelle. Dann nämlich pflegt er zu übertreiben, und so auch jetzt!
In der linken Ecke drüben hatte es einen Helm, ein ganz ausserordentliches Exemplar: Von der Seite sah er aus wie der Globi. In der Mitte war ein Visier zum Aufklappen. Oben lief ein scharfer Grat, unten konnte man ihn öffnen, und mit zwei gerissenen Schnappschlösschen tat man ihn hernach zu.
Jeder, der ihn ansah, begriff, warum sich der Adrian von Bubenberg in Laupen halten konnte.
Diesen also beschriebenen Helm auf seinen eigenen Kopf zu setzen, war Wrigley gesonnen.
Er nahm ihn sachte vom Gestell herab. Der Helm wog mindestens fünf Kilo. Dann machte er ihn auf und stülpte ihn stolz entschlossen auf sein Haupt. Aber er brachte es nicht ganz hinein, nicht wegen der Hutnummer, sondern wegen seinen Backenknochen, die er von seinen Vorfahren geerbt hat. Er murkste ein wenig und wollte es schon aufgeben, als ihm der Gasser Wale ein wenig nachhelfen wollte durch ein Schläglein mit dem Morgen-

stern obenauf. Er sagte hernach, es habe wirklich nur ein Schläglein sein sollen, doch er hatte den Morgenstern unterschätzt, und es wurde ein ansehnlicher Schlag daraus, das Kalb.

Nun, es hatte zum wenigsten genützt, und der Helm sass nun wie angegossen. Wrigley aber brüllte, der Idiot draussen solle es doch aufgeben, es habe an beiden Seiten ohnmächtig weh getan, und jetzt gebe es eine Beule.

Und als er das sagte, tönte es wie aus einem Keller heraus. Wir verplatzten fast vor Lachen, schon nur wegen dem dumpfen Ton. Der Sikki drehte sich wie besessen im Kreise und sagte dem Wrigley, wenn er etwas nötig habe, so solle er es nur sagen, er reiche es ihm dann durch den Schalter hinein, und damit meinte er das Visier. Und der Eglikurt äusserte sich, so, jetzt habe der Wrigley endlich den verdienten Maulkorb, und er gehe jetzt hinunter in die Lederabteilung und bringe ihm noch das fehlende Halsband.

Von aussen konnten wir ja nicht ahnen, dass der Wrigley im Innern mittlerweile eine Höllenwut bekommen hatte und allmählich ans Herauskommen dachte.

Doch, das war ja der Haken!

Der Wrigley war drinnen und blieb es vorderhand! Das merkten wir alsogleich, denn er begann am Häuschen herumzuwürgen, aber er brachte den Hals nicht einen Zentimeter heraus, geschweige denn seinen Kopf. Ich wollte nachhelfen, aber er jaulte auf und schrie, es tue weh und reisse ihm an den Ohren.

Uns war der Schreck in die Glieder gefahren, denn wir bekamen es mit der Ahnung zu tun, dass eine Tragödie im Anzug war. Und da zeigte es sich wieder einmal, was mit der Bande von unserer Klasse los ist: Sie wurde feige und blies den Rückzug, hängte die Waffen sachte wieder an ihre Plätzchen und verduftete mit den Malkästen unter dem Arm mit unheimlicher Geschwindigkeit.

Nur der Eduard, der Bäschteli und ich blieben. Wir sind eben nicht solche, die gleich die Hosen voller Herz haben, wenn Gefahr im Verzuge ist.

Dass mir so ganz wie sonst zu Mute war, will ich ja nicht behaupten, und auch der Bäschteli sagte, er habe daheim noch sehr viele Aufgaben, und die Mutter warte, und sie essen drum schon um viertel vor sechs.
Aber der Wrigley fauchte wie ein Tiger; also blieben wir.
Zuerst ging das Murksen noch eine gute Weile weiter, bis dem Wrigley das Blut am Hals herunterlief. Dann gaben wir es auf und hielten Kriegsrat.
Der Eduard war für eine Beisszange oder eine Blechschere, das heisst, für die rohe Gewalt, aber diesem Plan stand entgegen, dass das Museum in zwanzig Minuten schloss und es mit einer Beisszange und mit Amateuren bestimmt nicht gegangen wäre. Drum wurde uns allmählich klar: Der Wrigley musste auf irgend eine Weise hinaus und zu einem Spengler, noch bevor es in der Halle drunten läutete.
Aber wie sollte man das bewerkstelligen, ohne dass es der Drache in der Halle drunten merkte? – Natürlich indem man die Frau irgendwie ablenkte. – Aber wie? – Hier lag die Schwierigkeit.
Über diesem Hin und Her wurde der Bäschteli bleich und bleicher, und schliesslich grenzte er an eine Ohnmacht. Das brachte uns auf die erlösende Idee: Er, der Bäschteli, musste zuerst hinunter, und wenn er in der grossen Eingangshalle war, brauchte er nur ohnmächtig umzufallen und liegen bleiben. Er musste den Köder spielen, und dann war fünf gegen eins zu wetten, dass sich die Frau seiner annahm, ihn abschleppte, pflegte und auf diese Weise die erforderliche Ablenkung fand. Unterdessen konnten wir anderen husch hinaus.
So wie alles abgeredet war, führte, nein, müpfte ich den Bäschteli zur Treppe, und fast gar wäre er aus lauter Angst noch vorher umgestanden. Oben gab ich ihm den letzten Stoss, und dann konnte er gar nicht anders, als uns aus der Klemme helfen.
Die Sache wickelte sich programmgemäss ab: Der Bäschteli echt schwankend die Treppe hinunter; und schon lag er, ppadang, auf den Steinfliesen und streckte alle Viere von sich.

Die Frau heraus aus dem Glaskästchen, bis auf drei Schritte heran zum Bäschteli, aber dann hatte sie vermutlich selbst mit einem Nervenzusammenbruch zu schaffen, denn sie rannte aus Angst, es sei einer gestorben, in ihren Verschlag und telefonierte der Sanität, wie wir später merkten.

Während dieses Telefons aber war unser Moment gekommen: Wir huschten auf den Zehenspitzen hinab, wollten den Bäschteli mitlaufen lassen, aber entweder war es ihm zu wohl oder zu ohnmächtig in seiner Lage: Er blieb liegen wie ein Toter auf dem Schlachtfeld, wenn das geschlagene Heer abzieht; und so liessen wir ihn halt wie er war, und nach einigen Schritten standen wir an der freien Luft draussen. – –

Ja, schön frei!

Daran hatten wir gar nicht gedacht, dass der Bart erst draussen so recht beginnen könnte, denn was sollten wir jetzt mit dem Wrigley in seinem Helm? Hinter dem Museumsgarten begann die Öffentlichkeit, kam das Trottoir mit den Menschen; der Helvetiaplatz; die Kirchenfeldbrücke mit dem Polizisten!

Noch ein paar Schritte weiter oder eine halbe Minute gezögert, und wir waren erkannt und vielleicht verhaftet!

So schlichen wir uns denn einstweilen hinunter neben das riesige Tor, nahe ans Gitter in die Tujahecke, wo wir geborgen waren und mit unseren Beratungen fortfahren konnten.

Der Eduard war für den direkten Gang: Nur immer frech hinaus und einen historischen Umzug bilden! Er gehe voran und singe: «Lasst hören aus alter Zeit», dann der Wrigley und zu hinterst solle ich mit dem Hut den Sammelwagen markieren: So werde niemand etwas Böses ahnen.

Aber der Wrigley unter seinem Helm hatte sehr viel weniger Mut als sonst ausserhalb. Er fing an zu heulen, dachte daran, wie alles gekommen sei, und – flennte er – wenn er den Gasser Wale erwische, mache er Pudding aus ihm; doch diese Rachegedanken halfen vorderhand herzlich wenig, wo er den Helm anhatte und trotz allem komisch aussah.

Eines war klar: Entweder blieb der Wrigley hier versteckt, bis es dunkel würde; – aber hierzu bemerkte er, ob wir eigentlich verrückt seien, so die ganze Zeit im Helm? Das halte er nicht aus. – Oder man verpackte ihn in eine Kiste und trug ihn fort. Aber auch diesen Gedanken wies er beleidigt von sich und hielt ihn unter seiner Würde: Was wir eigentlich meinten, wer er sei? Der Graf von Monte Christo hätte sich schön bedankt, in einer Kiste befreit zu werden.

Und damit brachte mich der Wrigley auf die rettende Idee: Glücklicherweise hatte auch ich das Buch gelesen, und nun wusste ich genau, wie der Wrigley zu biegen sei: Ich flüsterte, der Graf von Monte Christo sei doch im vorletzten Kapitel in einem Sack aus dem Gefängnis erlöst worden, und ich sehe nicht ein, warum das bei ihm unter der Würde sein sollte.

Das schlug ein. Sogleich war der Wrigley zu haben, unter der Bedingung, dass es ein Sack und keine Kiste sei. So trafen wir denn in aller Eile die nötigen Verabredungen und empfahlen uns hierauf handlich, während der Ritter Eisenhut den Tujahag bewachte.

Wir rannten los, wie vom Teufel gehetzt: Der Eduard besorgte den Sack, und ich holte den Leiterwagen.

Doch just, als wir zum Tor hinaus wollten, wurden wir noch Zeugen eines eigenartigen Vorgangs: Auf dem Platz draussen hielt ein Krankenauto, und nach einer Minute brachten zwei Sanitätler etwas unter einer Decke auf einer Tragbahre und versorgten es im Wagen, der sogleich abfuhr.

Ach ja! Wir hatten den Bäschteli vergessen. Sein Schicksal hätte uns sicher tief bewegt, aber im Augenblick hatte ich eine dringliche Mission und schlug mir diese Angelegenheit aus dem Kopf.

Wie gesagt, ich holte den Leiterwagen. Daheim hatten Wrigleys den ganzen Tag Wäsche gehabt, und ich traf seine Mutter im Garten beim Aufhängen, als ich das Wägelein aus dem Keller holte. Sie fragte, wo auch der Franz sei? Franz! So nannten sie den Wrigley im Familienkreis. Er sollte unbedingt nach Hause kommen, denn er müsse ihr noch ein Hemd, das es in den Ablauf hinuntergeschwemmt habe, heraufangeln und nachher in den Konsum. Ich sagte nur, er sei noch im Museum und sei gar sehr vertieft, liess sie links liegen und rasselte davon.

Den Eduard traf ich auf der Brücke und kam mit ihm eben noch dazu, wiederum etwas sehr Merkwürdiges mitanzusehen:

Aus dem Museumsgarten hervor stürzte nämlich soeben eine Dame mit hohen Absätzen und einem Hündchen unter dem Arm. Die liess einen Schrei fahren und raste Richtung Thunplatz davon. Irgend etwas schien da nicht zu stimmen, weil besagte Dame von dem Fleckchen Erde herzukommen schien, wo unser Wrigley im Gebüsch jenseits des Gitters und des Trottoirs lag.

Als wir zu ihm hinschlichen, kniete er auch schon neben der Tanne und hatte eine fürchterliche Angst in seinem Innenleben. Ganz ausser Atem zischte er uns zu:

«Fort! Schluss!»

Sonst nichts. Ohne ein Wort zu sprechen, packten wir ihn in den Sack, banden oben zu, trugen ihn hinaus, ppang, in den Wagen mit ihm, und so, als sei der Leibhaftige hinter uns her, rasten wir über die Brücke.

Wir vernahmen erst sehr viel später, was eigentlich mit der Dame gewesen sei: Während der Wrigley im Gebüsche lag, war sie auf dem Trottoir draussen einige Schritte hinter ihrem Knirps von Hündchen einherstolziert. Trotzdem das wirklich nur ein ganz kleines Hündchen war, so eines von denen, die man nach ihrem Tod in einem Album zu pressen pflegt, hatte es dem Wrigley gerochen, ihn den Unsichtbaren, wie toll angebellt, und dann war es zwischen den Gitterstäben hindurch zu ihm hereingekommen.

Von aussen konnte man es nun nicht mehr sehen. Man vernahm bloss noch sein Gepieps. Doch die Frau blieb stehen und versuchte es herauszulocken:

«Schnuggi, komm, pf, pf, pf!»

«Schnuggerli, was ist?»

«Schnuschnuschnuggeli, komm Fusseli!»
Aber der Schnugger hatte an dem eisernen Wrigley zu sehr oder zu wenig Gefallen gefunden, als dass er noch hätte gehorchen können. Wrigley gab sich alle Mühe, den Verräter vom Leibe zu halten, aber endlich half ihm, dem Tierfreund, nichts anderes mehr, als den Ketzer zu packen und ihm das Gurgelein behutsam zuzudrücken.
Das Bellen hörte auf, und von aussen vernahm man nur noch ein leises «Pfffzgh, Pfffzgh».
Aber nun hatte das Dämchen Verdacht geschöpft und kam durchs Tor herein, um Nachschau zu halten; aber den Wrigley in seinem Helm sehen, einen Schrei ausstossen und davonrasen waren eins. Er war sie nun los, doch konnte man nicht wissen, ob sie nicht noch auf den Gedanken der Polizei komme. Deshalb also fanden wir den Wrigley aufs äusserste erregt.
Und nun waren wir auf dem Weg zum Spengler.
«Wir» ist zwar übertrieben, denn ich war gar nicht dabei. Unterwegs nämlich bekam der Wrigley in seinem Sack Sorgen, sie könnten daheim etwas merken, wenn er so lange ausbleibe, drum solle ich nach Hause eilen und die Familie beruhigen. Ich solle ihnen notfalls irgend einen Bären aufbinden, meinetwegen, er sei noch im Museum, und anschliessend müsse er noch zu einem Freund, um ihm die Aufgaben abzuschreiben, oder so etwas. Er sei sicher daheim, bevor es dunkel werde.
Und tatsächlich glaubte der Wrigley damals noch, die Sache beim Spengler sei rasch erledigt, und dann komme er mit dem Wägelein nach. Bis zu diesem Augenblick sei es meine Aufgabe, ihnen Sand in die Augen zu streuen.
Ja, prosit!
So für eine Viertelstunde besänftigt man zwar mit Leichtigkeit auch die zornigste Mutter. – Aber

39

wenn es dann zwei, drei Stunden geht, und kein Wrigley erscheint, wie es nun passierte? Wen sollte es wunder nehmen, dass es daheim Radau gab?

Zuerst brachte ich die Ausrede mit dem Museum. Dann die mit den Aufgaben. Nachher sonst noch ein paar Faule. Doch nach langem Bemühen meinerseits und Schimpfen mütterlicherseits gab ich es auf, und zudem musste ich zum Nachtessen.

Mir war beim Tisch nicht ganz wie sonst. Die Omelette rutschte die Kehle hinab wie Sandpapier, und bange Gedanken türmten sich in meinem Kopf, ganz besonders noch, als es an der Wohnungstür läutete und das Mädchen von Stalders ausrichtete, der Eugen möchte doch so gut sein und auf einen Schritt herunterkommen.

Zapfen ab! Hatten sie ihn also doch geschnappt, und meine Teilhaberschaft an der Sache war ausgekommen! Im Abwärtssteigen machte ich mich auf dieses und jenes gefasst.

Drunten sass die ganze Familie Stalder – ohne Wrigley – stumm um den Tisch herum und schien nur auf mich gewartet zu haben. Frau Wrigley lag auf dem Kanapeh und war sehr bleich. Vater Stalder sass aufrecht am Tisch und trommelte mit den Fingern. – Schlechtes Zeichen!

Wenn ich nur einen Anhaltspunkt gehabt hätte!

Hatten sie den Wrigley wohl schon ohne Essen ins Bett geschickt? Ich wusste nur eins: Jetzt galt es Geistesgegenwart!

Da stand Vater Stalder langsam auf, trat feierlich zu mir, fasste mein Hemd nahe bei der Gurgel, sah mir stechend in die Augen, räusperte sich und begann mit bösartig freundlicher Stimme:

«Eugen, ich glaube, es ist das beste, du erzählst jetzt gleich alles so, wie es wirklich gewesen ist.»

Pause.

«Komm, ich will dir ein wenig nachhelfen: Nicht wahr, das mit dem Museum war eine kleine Lüge?»

«Warum?»

«Nun, darum, weil wir mittlerweile so allerhand erfahren haben.

Sieh, mit euren Lügengeschichten stiftet ihr ja doch nur Unheil und schadet euch selbst am meisten. Meine Frau zum Beispiel hat dir geglaubt, unser Sohn sei tatsächlich noch im Museum, und als es später wurde, hat sie dorthin angeläutet. Man gab ihr Bescheid, es sei in der Tat vor einigen Stunden ein Knabe mit einem schweren Anfall von einem Sanitätsauto abgeholt worden. Namen und nähere Umstände könne man auf dem Posten erfahren. Du kannst dir denken, welch einen Schreck meine Frau durchlebte, als sie – das Schlimmste vermutend – dorthin anrief und zum Glück vernahm, dass es sich um einen andern Knaben handle.

Nun, Eugen, alter Sünder! Sag es offen heraus: Wo steckt mein Sohn?»

Mir stak der Atem mitten im Hals, und der Puls setzte aus, und der Mund wurde trocken, als ich merkte, dass hier keine Lüge mehr fruchtete, und eben wollte ich sachte ein wenig herausrücken, als Vater Stalder wieder meinen Kragen nahm und weiterfuhr:

«Nun, wart, ich will dir ein wenig nachhelfen: Nicht wahr, ihr beiden seid heute nachmittag fischen gegangen, und dein sauberer Kumpan streicht noch jetzt irgendwo an der Aare herum!?»

Jetzt verging mir aber die Sprache endgültig, und ich wusste nicht mehr aus noch ein. Doch wiederum half Vater Stalder weiter:

«Ja, siehst du, ihr müsst einem alten Mann wie mir nichts vorspielen wollen. Als ich heimkam, habe ich mir sogleich meine Reime gemacht, mit euren Ausreden stimme etwas nicht, denn in der Familie Stalder war noch nie ein Mitglied aufs Zeichnen versessen. Ich habe Nachschau gehalten, und richtig, im Schrank fehlt meine Fischrute!

So, und nun bloss keine Ausflüchte mehr! Gesteh es ein, du armer Sünder, und stelle dich. Es geht ja nicht ums Töten!»

Aahh! Vater Stalder hatte mir gegen seinen Willen aus der Klemme geholfen. Ja, richtig! Vorgestern hatten wir am Nachmittag noch gefischt und offenbar vergessen, die Rute zu versorgen! Ach so, darum! – Da sieht man doch wieder einmal, dass nichts über Vergesslichkeit geht.

Ich setzte schleunig eine zerknirschte Miene auf und sagte ihm, er habe richtig erraten, aber es tue uns leid, und wir wollen es nie mehr tun.

Der Alte lachte ein wenig und sagte schmunzelnd, das hätte ich ihm doch von Anfang an beichten können, statt solche Spargementer zu machen. Es sei jetzt gut für ein andermal. Ich könne an diesem Falle wieder einmal sehen, dass es doch immer am besten und einfachsten sei, bei der Wahrheit zu bleiben, denn wohlverstanden, ehrlich währe auch heutzutage noch am längsten.

Und dann musste ich ihm noch die Erlebnisse bei der Fischerei erzählen. Das war weiter nicht schwierig, brauchte ich doch nur diejenigen vom Mittwoch aufzufrischen und am Schluss beizufügen, der Wrigley sei noch an der Aare geblieben, weil er einmal die Nachtfischerei bei Mondschein ausprobieren wolle. Wie ihm nämlich der alte Kaltenrieder gesagt habe, beissen die Schleien nach Sonnenuntergang am liebsten. Drum könne es vielleicht noch einige Zeit dauern, bis er nach Hause komme. Ich hätte ihn zwar noch gewarnt, nicht länger zu bleiben, aber der Herr Stalder kenne ja seinen Sohn in solchen Sachen.

Ganz wider Erwarten war also alles aufs beste geregelt, und doch nagte eine ungefreute Angst in mir: Was in aller Welt war mit dem Wrigley passiert, dass das Kalb noch nicht zu Hause war?

Ich fing an, auf meinem Stuhl zu ranggen, den mir Herr Stalder angeboten hatte, um mit mir Fischereierfahrungen auszutauschen, aber ich empfahl mich möglichst schnell mit der Ausrede, ich habe noch Aufgaben zu machen.

Kaum war ich draussen, rannte ich schnurstracks zum Spengler. Doch die Bude war geschlossen, und in keinem einzigen Fenster brannte mehr Licht.

Ich suchte in der Gegend des Museums, trotzdem ich wusste, dass dort nichts zu finden sei. Dann sondierte ich noch einmal bei Stalders, wo der Vater immer noch schmunzelte und sagte, dem wolle er einen Denkzettel verabreichen, wenn er heimkomme.

Zehn Uhr vorbei und immer noch kein Wrigley! So blieb mir nichts anderes übrig, als droben so ruhig wie möglich Gutenacht zu sagen und mich noch fragen zu lassen, was mir eigentlich fehle?

Und dann kam ich in mein Zimmer.

Sitzt da nicht der Wrigley vornübergeneigt auf seinem Nest, auf dem Kopf den Helm und auf den Knien das Franzbuch!

Ja, und während der Zeit, die ich brauchte, um mich zu fassen, kann ich nun erzählen, was unterdessen gegangen war.

Der Eduard hatte heute nachmittag also den Leiterwagen samt Sack zum Spengler gefahren. Unterwegs äusserte der Wrigley beständig Zweifel, ob sie der alte Schlosser (so hiess der Spengler dummerweise) nicht zum Teufel jage, wenn er den Helm sehe. Oder ob er wohl sogar zum Verrätschen greife?

Aber der Eduard sagte, o nein, das sei nicht so einer, der verstehe Spass, denn zum Beispiel das mit dem Serviettenring habe er damals hervorragend gemacht.

Ja, das war einst wirklich auch so ein blödes Ereignis gewesen, als der Eduard einmal nach dem Essen aus Langeweile oder weiss nicht was, den Serviettenring in den Mund getan hatte und ihn nicht mehr herausbrachte, weil er zu gross war. Er war damals zu diesem Spengler gerannt und muss ein wenig komisch ausgesehen haben, als er mit offenem Maul erklären wollte, er solle ihm das Ding mit einer Blechschere herausoperieren, aber kein Wort hervorbrachte, ausser einem elend dummen «Guäh, guäh, gguäh». Herr Schlosser aber begriff die Sache sofort, löste das Problem meisterlich, und ausser einem viertel Zahn kostete die Operation nicht einmal etwas, weil Herr Schlosser sagte, er habe für mindestens einen Franken fünfzig Freude daran gehabt. Er war halt ein Kinderfreund.

Und richtig, auch diesmal kam er aus dem Grinsen kaum mehr heraus ob dem komischen Wrigley; er holte sogar seine Frau, und dann lachten sie beide zusammen, so dass der Wrigley ganz beleidigt war.

Endlich hatte sich dieser Fachmann soweit erholt, und er legte den Wrigley auf den Amboss, wenn das wirklich stimmt und nicht bloss aufgeschnitten ist. Der Spengler untersuchte lange und gewissenhaft und erwog alle Möglichkeiten sehr genau.

Endlich zog er tief Atem und sagte, es sei sehr schwierig. Entweder müsste er aufschweissen und aus Wrigleys Kopf einen Braten machen, oder dann aufschneiden, aber das bringe er nicht über sich, denn er vergreife sich nicht am Eigentum des Staates.

Über diesem Bescheid bekam der Wrigley den Schlotter, sank auf die Knie und flehte den Spengler an, er solle doch um Gottes willen aufschneiden, vielleicht nur hinten, und wenn man ihn dann wieder an die Wand hänge, so sehe man von vorne rein nichts.

Aber der Alte blieb fest.

Da heulte der Wrigley los wie ein Schlosshund – so erzählt es wenigstens der Eduard – und jammerte: Oi, oi, oi, jetzt sei alles aus, jetzt müsse er in die Aare oder in die Fremdenleschion! Oi, oi, oi, er solle doch Erbarmen haben und aufschneiden! Er gebe ihm all sein Hab und Gut: Das Trottinett und das Bankbüchlein und, wenn er einmal konfirmiert werde, seine Armbanduhr, aber aufschneiden müsse er!

Doch der Spengler blieb eisern, Erbarmen hin oder her.

Dafür gebe er ihm einen guten Rat: Sie sollten doch einmal zu einem Arzt. Der habe viel feinere Instrumente und könne sicher etwas ausrichten.

Das schlug ein! Der Wrigley strahlte inwendig, weil ihm der Doktor Ebenezer Bischof zu Hause in den Sinn kam. Der war ja seit dem Brand immer noch ein wenig plämpläm, und dem konnte man schon irgend etwas aufbinden, ohne dass er etwas merke, und im übrigen gebe es ja ein Arztgeheimnis, und das sei in diesem Fall ein Segen.

Der Wrigley setzte von nun an getrost all seine Hoffnungen und Karten auf den Ebenezer: Ein Arzt könne alles. Der Vater vom Ruedeli Känzig habe doch zum Beispiel einmal einen ganzen Bierverschluss geschluckt, als er einen furchtbaren Durst hatte und zu hastig trank, und den habe doch der Arzt ohne alle Mühe herausgeangelt; und auch der Professor Egli habe kaum mit der Wimper gezuckt, als er, Wrigley, beim Durchleuchten zum Jux eine riesige Sicherheitsnadel mit Leukoplast an den Brustkasten geklebt habe, und der Arzt meinte, sie sei in der Lunge. Der Professor habe nur ganz lässig von operieren gemurmelt, und er sei erst in dem Moment aufgeregt und wild geworden, als er den Scherz erkannte. Und so werde es dem Ebenezer sicherlich ein leichtes sein mit diesem Helm, den er ja nur äusserlich habe.

Seelenruhig schickte Wrigley den Eduard heim. Es sei jetzt schon stockdunkel, und er könne es ohne Gefahr allein wagen.

Der Wrigley erzählte zum Schluss, der Ebenezer habe nachgeschaut und gefunden, dass vom Schläglein mit dem Morgenstern die Backe geschwollen sei und er nur aus diesem Grunde den Helm nicht abziehen könne. Er solle jetzt nur ruhig sein. Zu tun habe man weiter nichts, als zu warten, bis die Geschwulst auftaue. Am besten sei es, er gehe jetzt ins Bett und warte das übrige dort ab.

Und deshalb fand ich ihn auf dem Nest, auf dem Kopf den Helm und auf den Knien das Franzbuch, so wegen dem Zeitvertreib.

– – – Ja, und dann ging es weiter. Unschafflich ging es, und ich denke nicht gern daran.

Wir berieten nämlich, was jetzt geschehen solle. Es brauche ja nur jemand hereinzukommen, dann hatten wir den Salat, und das musste verhindert werden.

Zuerst dachte ich an den Schrank. Das wäre das einfachste gewesen; aber der Wrigley hielt diesem Plan zornig entgegen, er verzichte lebhaft darauf, stehend zu übernachten, und übrigens sei dort alles voll Naphtalin, und das gebe den Haarwurm.

Ja, was nun? Die Türe abzuschliessen nützte auch nicht viel, denn einen Ausweg gab es für uns nicht mehr, wenn jemand klopfte und dann ohne weiteres darauf kam, dass etwas nicht stimme. Ach, wären wir doch in meinem Zimmer gewesen, wo jetzt der blöde Bischof wohnt, dann wäre alles einfach gegangen: Am Blitzableiter hinunter, wenn jemand kam. Aber hier im Parterre hatten die Fenster dicke Gitter.

Der Wrigley überlegte so krampfhaft, dass er das Visier aufklappen musste, um das viele Kondenswasser vom Denken hinauszulassen. Immer sagte er, es müsse doch etwas Einfaches und trotzdem Spannendes geben, was uns schütze. Das war echt Wrigley! Immer möglichst spannend! Und darum verwundert es nur den, der ihn nicht kennt, als er endlich aufsprang und mit einer grandiosen Idee aufwartete, die ihn mit einem Schlage aller Sorgen enthebe. jetzt sei das Problem gelöst, und zwar nach allen Regeln der Kunst. Lieber Leser, höre du diesen furchtbaren Geistesblitz: Er sagte: So, er gehe jetzt ins Bett. Ich aber solle aufbleiben, mit einem Stuhl zur Türe sitzen, einen Hammer beschaffen, und dann solle ich jedermann, der die Schwelle übertrete, mit einer Bleinarkose betäuben, das heisst auf deutsch: Mit dem Hammer eins oben auf. Der Hadschi Halef Omar Ben im Karl May habe das einmal mit dem Schut so gemacht, und das sei prima gegangen. Es brauche nur so ein zartes Schläglein mit dem nötigen Fingerspitzengefühl, und schon sei der Patient für eine halbe Stunde hinüber, und wenn er dann erwache, habe er so ein eigenartiges Gefühl und wisse nicht mehr, was passiert sei, und just das sei es, was wir in unserem Falle nötig hätten.

Ganz so blöd war der Wrigley sonst nicht. Ich glaube, der Helm ist ihm in jenem Zeitpunkt ein wenig in den Kopf gestiegen, sonst wäre er bestimmt nicht auf einen solchen ruinösen Vorschlag verfallen.

Ich protestierte natürlich sogleich, aber er fuhr auf, nannte mich

Höseler und Anfänger, und ich solle doch den Hadschi Halef Omar Ben nicht lehren wollen. Der habe seine Sache schon verstanden. Recht ausgeführt sei die Sache gar nicht gefährlich, denn der Schut sei doch erst am Ende des letzten Bandes gestorben; also habe es ihm damals nichts geschadet.

Der Wrigley redete und redete, dass ich schon fürchten musste, man höre uns drüben. Um ihn zu besänftigen, ging ich hinaus und schlich in den Keller hinab, um in der Werkstatt einen Hammer zu holen, allerdings fest entschlossen, ihn nicht zu gebrauchen.

Auf allen Vieren kroch ich durch den Gang, dann um die Ecke an der Küche vorbei. Weiter hinten fiel ein Lichtstrahl aus der angelehnten Türe des Wohnzimmers. Unendliche Vorsicht war geboten.

Man hörte Vater und Mutter Wrigley miteinander reden. Ich hörte die folgenden Sätze, und, lieber Leser, ich muss schon sagen: Das gab mir den Bogen!

«... hat er ganz sicher nicht!», lachte Vater Stalder. «Sieh, Sabine so weit fällt der Apfel denn doch nicht vom Stamm. Unser Franz hat zu viel Stalderblut, um ein Lauszapfen zu sein. Stalderart ist bodenständige Art, da mache du mir nichts vor. Der Fränzel ist schon recht. Der hat mir noch nie Kummer gemacht. Und was du gegenwärtig an ihm auszusetzen hast, das kommt alles nur vom Eugen her. Dessen Einfluss ist nicht von gutem für unseren Buben. Immer hat er krankhafte Ideen und verführt den unseren zum Schlechten. Ja, mit dem kommt es nicht gut, und wenn ich sein Vater wäre, dem wollte ich die Hosen spannen, potz sapperment! Du kannst sicher sein, auch hinter dieser Fischerei steckt niemand anders als der Eugen. Weiss der Schinter, was für einen Floh er ihm wieder hinters Ohr gesetzt hat.»

So sprach Herr Stalder, und bei einem Haar wäre ich aufgesprungen und hätte ihm erklärt, wer soeben wen verführe.

Jetzt stand bei mir der Entschluss fest! Nun wurde der Hammer geholt, und wehe dem, der ins Zimmer kam! Vater Stalder jedenfalls war dann einer währschaften Beule sicher.

So besorgte ich denn – kochend in der ganzen Seele – den Holzhammer und machte mich in meine Bude zurück, sass in meinem Nachthemd auf den Stuhl, um den eventuellen Patienten abzuwarten.

Irgendwie muss ich dann eingeschlafen sein, denn ich erwache, als mich jemand an der Schulter rüttelte. –

Frau Stalder stand vor mir und sah mich an, als komme ich direkt vom Mond.

Was ich da mache?

Lieber Leser, bist du schon einmal in der Hölle gewesen? – Aber ich! Schlimmer kann es gar nicht mehr sein, als im Hemd mitten in der Nacht auf einem Stuhl, und so mit einem Hammer in der Hand, und so einer Mutter davor, welche frägt, was man da mache.

Ich verwünschte den Wrigley samt seiner Idee, kehrte mich nach ihm hin und sah, dass er unter die Bettdecke gegangen war und vorderhand unsichtbar blieb.

Ob es bald werde? Was ich da mache, habe sie gefragt! Ich, eh – habe, eh, nur sehen wollen, eeh, nein, nur, eeh, ja, das Bild sei heruntergefallen, und jetzt wolle ich es wieder annageln.

«Mit einem Holzhammer?»

Ja, der andere sei drum noch oben.

«Aber das Bild hängt ja immer noch dort, wo es immer gehangen hat, und der Nagel dort lässt nicht so geschwind!»

«Ja, eben, eh, das ist ja das Dumme!»

Mit diesem blöden Satz war ich am Ende. Das beste war, ich fing an zu heulen, und das besorgte ich so gründlich, dass es die Mutter ein wenig aufweichte und sie zum Satz veranlasste, ich stelle mich ja wie ein Nachtwandler.

Richtig! Nachtwandeln, das war es, und über dieser neuen Möglichkeit fing ich mich schon ein wenig zu beruhigen an, als ihr Blick wieder auf den Hammer fiel.

«Nein, Bürschchen, da stimmt etwas nicht! Woher ist dieser Hammer?»

Keine Antwort.

«Wo der Hammer her ist, habe ich gefragt!» – –

Doch da bemerkte sie dem Wrigley sein Bett, wo man trotz der Bettdecke ganz gut sah, das jemand drin lag.

Frau Stalder wurde krebsrot und stemmte die Hände in die Seiten. «Ach so!» wetterte sie gegen das Bett hin. «Ist der Lauser also heimgekommen. Ah so, dem Herrn Sohn hat es also beliebt, sich heimzubegeben. Man steigt ins Bett, als wäre man im Kurhaus. – Aber dass drüben eine Mutter wartet und sich fast zu Tode härmt, daran belieben der Herr Sohn nicht zu denken. Man geht einfach ins Bett. Grossartig das, ganz grossartig! – Ja, und jetzt tu noch, als schlafest du unter der Decke. Wart ich will dich lehren schlafen!» Mit diesen Worten packte sie eine Ecke des Leintuchs und schnellte es mit einem einzigen Ruck weg.

– – Und da lag der ganze Wrigley, unten im Nachthemd und weiter oben im Helm.

«Wilhelm!» (das war der Name ihres Mannes) seufzte sie, schloss die Augen, sank langsam auf mein Bett und gab keinen Ton mehr von sich:

Frau Sabine Stalder war in Ohnmacht gefallen.

O Leser, du wirst nicht von mir verlangen, dass ich dir über den Rest dieser Nacht Aufschluss gebe. Deine und meine Nerven würden daran zugrunde gehen.

Denn sieh, Frau Stalder ist dann wieder erwacht!

Es gab Standreden und Verhöre; Herr Stalder sprach von Versorgen; die Tante Melanie sagte uns wieder einmal ihre Feindschaft an, und dann kamen noch die Unsrigen dazu: Ein fertiger Salat! Nein, hüllen wir uns lieber in Schweigen, und lassen wir uns genug sein an der Tatsache, dass der Familienrat am Ende beschloss, man wolle mit Versorgen noch ein wenig zuwarten und Gnade vor Recht ergehen lassen; bloss sollten wir selber sehen, wie wir das mit dem Helm wieder in Ordnung brächten.

Wir waren sehr froh, der Wrigley und ich: Im Museum hatten sie bis jetzt unmöglich etwas merken können, weil es dort Hunderte von Helmen gibt, und man brauchte ihn nur wieder an seinen Ort zu tun, dann sei alles im Blei.

Und was uns am Abend noch Sorgen gemacht hatte, ging am Morgen spielend: Als ich erwachte, stand der Wrigley schon ohne seinen Kopfputz vor dem Spiegel und massierte sein Ohr.

So konnte der Rest also kaum noch fehl gehen.

Am Morgen misslang allerdings der erste Versuch, den Helm zurückzuschmuggeln. Wir hatten ihn nämlich in ein Köfferchen getan, aber die Wärterin nahm es uns am Eingang weg: Man dürfe Regenschirme und Gepäck nicht mit hinaufnehmen, es könnte sonst einmal etwas gestohlen und unvermerkt abtransportiert werden. Die Gute merkte leider nicht, dass wir das genaue Gegenteil beabsichtigten.

Dafür gab sie dem Bäschteli eine Zeile Schokolade vor Freude, ihn gesund wiederzusehen. Der war nämlich am Vorabend keine Viertelstunde auf der Sanität geblieben. Er hatte sich von seiner Ohnmacht fast verdächtig schnell erholt. Und nun stand er wieder mit uns im gleichen Museum, wieder in blöder Lage: Wir liefen merkwürdig überflüssig in den Sälen herum, denn aus Anstand konnten wir das Museum nicht sogleich verlassen, sondern ziemlich nervös besichtigten wir den synthetischen Indianer im Parterre und empfahlen uns erst, als wir die Sicherheitsviertelstunde überdauert hatten.

So mussten wir denn einen zweiten Anlauf nehmen und einen neuen Plan entwerfen, und bald legte uns der Wrigley seine Idee zur Prüfung vor, die am Montag zur Ausführung kam.

Der Wrigley machte sich in der Schule an den René Lagg heran, schenkte ihm grosszügig eine alte Autokerze und sagte, dafür müsse er uns einen kleinen Gefallen tun. Dieser René Lagg war ein kolossal dicker Mensch und glänzte vor Fett, und darauf beruhte unser Plan:

Ihm wollte der Wrigley den Helm unter den Pullover schoppen. Ob ein wenig mehr oder weniger Bauch, mache bei dem nichts aus. Als man dann mit einem zweiten Geschenk nachhalf, war der

René einverstanden, und er sah zum Platzen komisch aus, als man ihn mit dem Helm und einigen Zeitungen zum Abrunden ausstopfte. Fast die ganze Klasse sagte, sie wolle mitkommen und sehen, was sie in der Oeffentlichkeit und im Museum sagen, wenn sie den fürchterlichen Wanst vom René erblicken.

Als wir die Halle betraten, bekam die Wärterin fast einen Schlag, und sie fragte, ob der arme Knabe die Wassersucht habe? Ob das bei ihm angeboren sei? Das sei ja grässlich!

Oben packten wir den René aus, als die Luft rein war. Es war ein feierlicher Augenblick, dass dieses gewaltige Drama nun zu einem guten, sanften Ende kam. Der Wrigley nahm den Helm noch einmal in die Hand und betrachtete ihn zum Abschied wehmütig.

Es sei doch eigentlich komisch, sagte er, dass ihm das Ding damals zu klein gewesen sei. Am andern Morgen habe er es abstreifen können wie eine Mütze.

«Ja, das sagst du jetzt hintendrein», höhnte der André, dieser unangenehme Jüngling, «aber das Kinderfräulein hat dich wahrscheinlich schwer mit Vasenol behandeln müssen, bis du herausgekommen bist.»

Das war ein gefährlicher Satz, denn ich wusste aus Erfahrung, dass der Wrigley eine Ehre hat, die sich leicht verletzt, und mit dem Kinderfräulein oder dem Vasenol musste man ihm schon gar nicht kommen!

Ohne ein Wort zu erwidern, aber mit vollendeter Verachtung im Angesicht, hob der Wrigley, um seine Behauptung zu beweisen, den Helm hoch über seinen Kopf, stülpte ihn auf, kam aber nicht ganz zurecht, wurde nervös, gab sich einen Ruck, – – und zum zweitenmal, ob du das glaubst oder nicht, sass Wrigley Stalder als Ritter Eisenhut gefangen.

Und dann kam die Wärterin.

Und dann kam die Direktion.

Warum haben wir uns eigentlich nicht schon beim ersten Mal erwischen lassen?

Es wäre billiger gekommen!

Schwere Zeiten

Wer einmal jung gewesen ist, der weiss genau, wann für uns Knaben die schweren Zeiten anfangen, und wann sie aufhören. So, wie die Frauen im Frühling eine Sucht bekommen zu putzen, so nimmt es die Lehrer, noch bevor es Frühling ist, wenn sie die Lust ergreift, uns nicht zu promovieren. In beiden Fällen sind wir Jungen die Opfer, und drum habe ich ein trauriges Lied zu singen von jener Zeit, bevor der Winter ganz zu Ende war.

Schon an Weihnachten konnte es die Lehrerschaft nicht verklemmen, dem Wrigley, dem Eduard und mir unten ins Zeugnis zu schreiben: «Promotion gefährdet.»

Wir fassten daher den Entschluss, eisern zu arbeiten und die gesamte Lehrerschaft Lügen zu strafen.

Um so recht Kräfte zu sammeln, begaben wir uns eines Nachmittags in den Estrich, und was können wir dafür, dass wir eine Entdeckung machten? Ganz hinten, unter der Vogeldiele, hatte der Cousin vom Wrigley, welcher jetzt Steuermann auf dem Titicacasee ist, vor seiner Abreise sein ganzes Eigentum aufgestapelt. Freundlich wie wir sind, untersuchten wir alle die Riesenpakete auf eventuelle Mottenschäden, und dabei stiessen wir auf ein Faltboot. Der Wrigley sagte, das sei entsetzlich. Ein Faltboot, das so lange liegen bleibe, gehe unweigerlich kaputt, und wir seien es dem Cousin schuldig, ein wenig damit umzugehen, um es vor dem Ruin zu bewahren. So stellten wir es, weil draussen fast noch Schnee lag, am Trockenen auf dem Estrich zusammen, und das war wirklich ein sehr gutes Werk. Wir sassen hinein und schlossen die Augen und fuhren den Amazonas hinunter. Der Wrigley erlegte Krokodile am laufenden Band mit seinem Henry-Stutzen, das heisst, dem Reserveregenschirm der Tante Melanie, und ich ruderte durch viele hundert Stromschnellen. Manchmal gingen wir an Land, lauerten auf die Indianer, die in jener Gegend sehr gefährlich sind, und wenn ihr Häuptling, der Eduard, mit seinen vergifteten Pfeilen kam, so machten wir uns im Boot davon.

Die ersten drei Tage war das ein herrliches Leben, aber langsam verlor es seinen Reiz, und es wäre uns lieber gewesen, in wirklichem Wasser zu fahren, und sei es auch nur die Aare.

Der Wrigley sagte, der Frühling stehe vor der Türe, aber einstweilen lägen wir im Trockendock und hätten noch viel zu tun: Wir wüssten zum Beispiel noch gar nicht, ob das Boot wasserdicht sei. Das müsse geprüft werden. Drum holten wir ungefähr hundert Kessel Wasser herauf und füllten es bis zum Rand, um ein eventuelles Leck zu erkennen.

Ich muss schon sagen: Leider wurde es über dieser Arbeit Abend und finster, so dass wir die Kontrolle bis morgen sparen mussten, und keiner von uns hätte es sich im Traum einfallen lassen, dass es schon kurz nach Mitternacht auskam, wie sehr es rünnt.

Ich war längstens eingeschlafen, als ich durch eine gewisse Unruhe im Logis geweckt wurde: Der Vater redete draussen aufgeregt, kam in mein Zimmer, untersuchte den Zentralheizungskörper, hiess mich aufstehen, denn irgendwo seien die - Heizungsrohre gebrochen, und das heisse viele hundert Franken Schaden. Jetzt helfe nur schnelles und besonnenes Handeln.

Mit Schraubenschlüsseln bewaffnet eilte er durchs ganze Haus, zuerst, um alle Heizkörper zu öffnen. Das sei das einzig Richtige.

Tante Melanie kam verhühnert in tausend Jäckchen und mit der Kassette unter dem Arm zum Vorschein, als brenne es, und auch bei Wrigleys unten wurde es laut.

Der Vater hatte unterdessen im Keller das ganze Leitungssystem entleert, und in unserer Wohnung erkannte ich sogleich warum: Während nämlich die ganze Familie geschlafen hatte, fing es an durch die Decke auf Vaters Bett herunterzutropfen, aber nicht Quellwasser, sondern eine braune Brühe. Der Vater, so sagte er später, habe zuerst die längste Zeit vom Schwimmklub geträumt, in dem er seinerzeit Sekretär war: Er spielte in seinem Bett ungefähr eine halbe Stunde Wasserball und war der Star seiner Mannschaft, bis er erwachte und sich selbst und das ganze Bett durchnässt fand.

Herausspringen und geistesgegenwärtig wissen, wo es fehlt, war eins. Drum machte er sich drunten mit dem Entleeren zu schaffen, und als er fertig war, kam er herauf und hielt uns stolz einen Vortrag:

Mit dem Schraubenschlüssel in der Hand und im Pijama dozierte er uns, dass ein solcher Leitungsbruch ein ganzes Haus schädigen könne, wenn man nicht ruhig, schnell und zielbewusst wie er, sogleich das Richtige unternehme. Bis jetzt sei der Schaden minim. Darum sollten wir uns merken: Erste Bewegung: Heizkörper auf. Zweite Bewegung: Leitungen entleeren. Dann könne nichts mehr passieren, und am andern Tage lasse sich das schadhafte Rohr ohne weiteres ersetzen. Wir andern mussten das Gesagte dreimal repetieren, und wir wären uns vorgekommen, wie an einer Feuerwehrübung, hätte nicht in mir eine leise Ahnung gefressen.

Der Vater führte uns hierauf ins elterliche Schlafzimmer, wo die Mutter die Betten beiseitegeschoben und Fegkessel unterstellt hatte. Wir sollten uns jetzt achten, so sagte er stolz, wie innerhalb von ein paar Minuten das Wasser aufhöre. – Aber wie wir uns auch achteten, und wie wir auch warteten: Es tropfte immer stärker, immer eiliger, bis es von der Decke herab floss, bis die

Kessel immer schneller gewechselt werden mussten und des Vaters siegessicherer Blick unruhig wurde.

«Ja, was ist denn das?» fragte er in sich hinein und kratzte sich im Bart.

Zu meinem Schrecken holte er eine Kerze und stieg in den Estrich hinauf. Wie er wieder herunterkam, das will ich nicht beschreiben. Natürlich: Wir waren wieder einmal an allem schuld. – Aber dass die Erwachsenen das Faltboot jahrelang unkontrolliert oben gelassen hatten, bis es schauerliche Lecke zeigte, und dass sie im Grunde genommen an allem selber schuld waren, das gaben sie heute wie gewöhnlich nicht zu.

Doch schweigen wir von diesem Unglücksboot, denn jener Vorfrühling brachte der Missgeschicke auch sonst genug, von welchen nun berichtet werden muss.

Wir arbeiteten also fast immer für die Schule. – Aber schliesslich: Immer arbeiten kann man auch nicht. Der Wrigley sagte, das sei schädlich. Jeder Schwerarbeiter schalte Pausen ein, und was können wir dafür, dass wir in einer solchen Pause – diesmal im Keller – eine Lötlampe fanden?

O ihr Erwachsenen: Immer streut ihr Versuchungen auf unseren Weg! Wer hätte uns zumuten wollen, achtlos an einer Lötlampe vorbeizugehen! Das ist ein wunderbares und sehr nützliches Instrument. Freilich, man muss es kennen lernen und damit umzugehn wissen. Wir hatten uns schnell eingearbeitet. Benzin hatte es in der Hausapotheke für mindestens zehn Lötstunden. Zwei davon verwendeten wir darauf, nützliche Dinge zu löten, und nur sehr selten überbordete Wrigley, zum Beispiel, als er einige Schlüssellöcher und Wasserhahnen zulötete.

Aber dann hatte der Eduard eine Bombenidee. Sie beruhte auf der Geldgier der Menschheit: Wenn man nämlich in meiner Bude mit dieser Lampe Rappenstücke wärme und sie dann aufs Strassenpflaster hinunterwerfe, im Augenblick, wo drunten Leute vorbeigehen, so sei tausend gegen eins zu wetten, dass jedermann danach greife.

Die nötigen Installationen waren bald gemacht: Der Wrigley bediente die Lötlampe, der Eduard hielt mit einer Beisszange den Räppler an die Flamme, und wenn in der Gasse Schritte hallten, so warf er ihn in hohem Bogen hinaus. Alle Menschen sind einander verwandt. Das haben wir an jenem Nachmittag erfahren. Da kam zum Beispiel ein müder Herr gegangen. Der Ton des fallenden Rappens verjüngte ihn im Laufe einer halben Sekunde: Mit hastigen Sprüngen hüpfte er dem Geldstück nach, aber danach greifen und es mit einem Schreckenslaut weit von sich schleudern war eins.

Keiner ging vorbei. Alle bissen an. Nur schade, dass wir nicht Zeugen waren, wie es jeweilen weiterging, denn wir knieten wohlweislich in Deckung, bis drunten die Schritte verhallten. Der Antiquar von nebenan hatte es besser, denn weil sowieso nie ein Kunde in seinen Laden tritt, kam er heraus, setzte sich auf ein Stühlchen und hatte als Zuschauer eine herrliche Viertelstunde, bis dann einmal einer unserer Patienten ihn selber verdächdigte, so dass er fürderhin nur noch durchs Schaufenster von innen her dabeisein konnte.

Der Wrigley war ganz verliebt in diese Methode. Er sagte, das sei praktische Erziehung. Es lasse sich nämlich nachweisen, dass die Räppler unser Eigentum seien, und niemand anders habe sich ohne unsere Einwilligung an ihnen zu vergreifen. Wenn das einer trotzdem tue, so habe er den Schaden selbst zu tragen. Während solcher Reden wurden drunten wieder Schritte hörbar. Der nächste Rappen war bereits in Hochform, so heiss, wie ein Lötkolben. Im rechten Moment erfolgte der Wurf, und wir sahen hinaus.

Und wie wir die Nase über den Sims hinausstreckten: Wer geht da unten? Wer macht einen Hechtsprung nach dem Geldstück? Wer lässt einen Schrei fahren? – O Schicksalsschlag: Unser Deutschlehrer!

Trotzdem der Wrigley hernach fand, wir hätten genau den Rechten erwischt, liessen wir das Rappenwärmen für heute bleiben, schlossen kniend, so dass man uns von unten nicht sah, das Fenster und schufteten auf Tod und Leben Französischwörtchen, so dass wir am Ende selber fanden, Fleiss sei eine Tugend.

So sehr hatten wir uns in unsere Arbeit vertieft, dass wir am nächsten Tag in der Schule keine Gedanken an gehabte Freuden mehr in uns trugen. Wir waren deshalb nicht wenig erstaunt, als unser Deutschlehrer zu seiner Stunde das Zimmer mit einem verbundenen Daumen betrat.

Der Wrigley verschwand hinter einem Buch, und ich hinter dem Pultdeckel. Aber schon stand Herr Klameth neben uns. Er nahm den Zwicker von der Nase und wischte sich mit dem Finger ein wenig den Fleck, an dem es geklemmt hatte. Das war eines der ganz schlechten Zeichen. Dann sagte er sanft wie ein Frühlingslüftchen:

«Stalder Franz, wo wohnt dein Herr Papa, und, Pfister Eugen, wo der deinige, wenn mir die Herren zu fragen gestatten?»

«Bei eh, an der eh, Herrengasse.» –

«So soo, ei ei ei!»

Er ging sehr langsam nach vorne, kam aber sogleich wieder zu uns zurück, als habe er einen Entschluss gefasst.

«Erlauben die Herren, wenn ich sie noch weiter störe. – Was hatten wohl die Nasen vom Stalder Franz und vom Pfister Eugen, die man von unten nach oben sah, gestern nachmittag, viertel vor fünf im zweiten Stock des Hauses Nummer neun zu tun?»

«Eh, nichts besonderes – –»

«So, so, nichts Besonderes? Aber werden mir die Herren wohl böse, wenn ich sie jetzt nicht züchtige, sondern zuhanden des nächsten Zeugnisses von ihren Untaten Notiz nehme?»

Und er wiederholte diese Frage so sanft und beharrlich, bis wir ihm in einem ganzen Satz bestätigten, wir hätten nichts dagegen, und wir wollten uns zu bessern versuchen.

Das versuchten wir. Kein Streich geschah mehr, und keine freie Minute gönnten wir uns. Wir arbeiteten, was das Zeug hielt, und zum ungetrübten Aerger fast aller Lehrer waren sie gezwungen, uns nach jeder Probe eine Fünf oder Sechs zu notieren. Das verdross sie sichtlich, und sie behaupteten das Gegenteil ihrer früheren Ansicht: Gute Proben machen noch keinen guten Schüler aus. Das war das einzige Mal, wo wir mit ihnen einer Meinung waren. Aber dann kam der Frühling doch.

Wenn die Tage länger werden und die Abende lau, dann bricht das Marmelfieber aus. Überall werden kleine Löcher gegraben. Oben an der Herrengasse, zwischen den Pflastersteinen hat es ein ideales Loch. Nun kann doch niemand von uns im Ernst verlangen, dass wir nur der Schule wegen achtlos an diesem Loch und an den darum herum versammelten Herrengässler-Buben vorbeigehen! Wir, die wir dem Dolf Zeder vom letzten Jahre her noch eine derartige Abrechnung schuldig sind!

Dieser Zeder hatte uns vor einem Jahr um einen guten Teil unserer Marmeln gebracht. Nicht mit rechtschaffenem Spiel, denn spielen tat er überhaupt nie, sondern er lungerte immer mit den Händen im Sack um die Spieler herum, als schaue er zu. In Wahrheit aber hatte er ein Loch in der Schuhsohle, und wenn niemand sich achtete, trat er mit diesem Loch auf eine Marmel und arbeitete sie mit seinen Zehen ins Innere des Schuhs. Hatte er eine – ohne sich zu bücken – sichergestellt, so bummelte er blasiert in einen Hausgang und nahm dort den Raub heraus, bis wir ihn erwischten, nachdem uns lange Tage verdächtig viele Marmeln verschwunden waren. Aber weil wir ihm die Masse des Raubes nicht nachweisen konnten, blieb uns nichts anderes übrig, als ihn durch den Eduard verhauen zu lassen, und weil die Saison zu Ende war, für nächstes Jahr Rache zu schwören.

Dieser Zeitpunkt war gekommen, und wir hielten Wort.

Lieber Leser, kennst du dich in diesem wichtigen Sport aus? Weisst du zum Beispiel den Wert der verschiedenen Marmeln? Dass die sogenannte Lättpolle nur einen Punkt gilt, der Steinmärmel zwei, der Gledel je nach Grösse fünf bis zwanzig, und die Stahlmärmel zehn? Weisst du überhaupt, was ein Gledel ist? – Wart, ich will es dir erklären: Manchmal hat es ein weisses Schaf darin, oder einen Eisbären: das sind die alten Modelle. In anderen sind gedrehte rote, grüne und gelbe Fäden aus Glas und wunderbar anzusehen. Bankiersöhne spielen mit solchen aus Achat: Vierzig Punkte, aber sie haben nur Liebhaberwert, denn wer wollte an einem Loch solche Risiken eingehen. Jeder Gledel ist aus Glas, vom kleinsten bis hinauf zum grössten, so gross wie ein Kuhauge.

Apropos Kuhaugen: An der Kesslergasse, 100 Schritte von unserem Haus ist der Fleischmarkt, ein lohnendes Ausflugsziel. Denn dort hinter den Ständen gibt es Abfälle von grossem Tauschwert. Zum Beispiel Kaninchenbeine mit dem schönsten Pelz. Die kann man gratis mitnehmen. Auch Kuh- oder Schweineaugen sind manchmal zu haben, und mit denen haben wir oft gespielt. Man legt sie nämlich auf die Strasse und versucht, sie mit einem gewaltigen Absatztritt zum Platzen zu bringen. Das gelingt nie, denn die sind dermassen schlüpfrig und zäh, dass sie wie ein Geschoss unter dem Schuh hervorspringen und bisweilen über den ganzen Münsterplatz fliegen, einmal sogar bis hinauf zum Jüngsten Gericht.

Wenn wir schon bei Marmeln und Augen sind, so komme ich nicht um die Fortsetzung jenes Frühlingsquartals herum. Denn just damals hatte ich mir eine Marmel verschafft, die mich in der ganzen Altstadt berühmt machte.

Das kam so:

Einige von euch kennen sicher den sogenannten Grümpelschorsch, jenen liebenswürdigen Landstreicher mit einem Glasauge, der den Tag über im «Schmalen Handtuch» sitzt und sich Schnaps an die Wurzel giesst, um dann gegen Abend hin Geld für die nächste Tagesration zu erbetteln.

Diesem Schorsch bin ich damals durch Zufall hinter sein einträgliches Geheimnis gekommen: So alle zwei bis drei Monate läutete er in unserem Haus in jedem Stock, um allen Bewohnern die leere Augenhöhle zu zeigen und zu klagen, sein Glasauge sei wieder einmal zerbrochen, und man möge doch so gut sein, ihm ein neues zu bezahlen. Das taten unsere Väter auch meistens, und unsere Mutter sagte immer, man müsse mit solch armen Menschen sehr barmherzig sein, wenn man in den Himmel kommen wolle.

Als ich eines Abends das Haus betrat, roch ich den Schorsch schon bei der Haustüre und hörte von unten, dass er oben wieder einmal um ein neues Auge nachsuchte. Beim Hinaufsteigen sah ich in der Ecke des Fenstersimses auf einem Papierchen fein säuberlich hingelegt das Auge vom Schorsch, der es augenscheinlich ausgezogen und deponiert hatte, um oben ein neues einzukassieren. – Das also war sein System. Und weil ich hörte, wie er sich bei meiner Mutter bestens bedankte, wusste ich, dass aus unserer Familienkasse soeben das Auge beglichen worden war, das hier vor mir lag, und darum betrachtete ich es als mein und meiner Familie Eigentum, liess es im Sack verschwinden, und von nun an hatte ich den schönsten Gledel der nördlichen Hemisphäre.

Von Sachverständigen wurde er auf hundert Punkte geschätzt. Ich begann damit zu spielen und gewann mit ihm in einem fort! Wenn ich nämlich auf der Strasse mit ihm spielte, so sah es mich immer so treu an und machte mir Mut, so dass ich kolossale Sicherheit bekam. Es war mein Glücksauge, und der Wrigley nannte es das Auge des grossen Manitu, weil er in der Freizeit Indianerbücher las.

Glücksauge?

Nein, das genaue Gegenteil, denn seht, es kam die Schulreise dazwischen. Die Schulreise vom letzten Jahr nämlich, die wir immer noch zu gut hatten. Während des ganzen Herbstes sagte der Lehrer jeden Montag: Diese Woche gehen wir auf die Reise. – Aber dann regnete es, – oder es war schön. War es aber schön, so sagte der Lehrer, er wolle doch noch abwarten, ob sich das

Wetter halte, und dann wartete er, bis es nicht mehr hielt, mochte es auch Wochen dauern.

Nach diesem Prinzip verfahren sie jedes Jahr, und noch jedes Jahr zogen wir schliesslich bei strömendem Regen aus. Diesmal aber hatte der Lehrer bis in den November gewartet, bis es zu spät war, aber er versprach uns, am ersten Frühlingstag, wenn die Lerche schmettere, mit uns auszuziehen.

So zogen wir denn. Am ersten Frühlingstag, wo die Sonne nicht mehr schien. Mit Regenschirmen kamen wir zum Bahnhof, unter Regenschirmen bestiegen wir das Guggershörnchen, und der Lehrer erklärte uns die Aussicht, die wir hätten, wenn die Wolken nicht wären.

Erst, als wir die verdeckte Aussicht endgültig hinter uns hatten und weiter unten Mittagspause machten, um Suppe zu kochen, wurde es schön. Die Sonne schien und machte uns Mut, mit diesem Lehrer ein wenig abzurechnen.

Wir hatten Grund dazu. Dieser Mann erteilte in der Schule nebenbei Schwimmunterricht. Aus reiner Leidenschaft. Denn es machte ihm grossen Spass, Nichtschwimmern lebenslängliche Angst vor dem Wasser beizubringen. Mit Vorliebe nahm er den Bäschteli an den Galgen, das heisst, an jene Stange mit der Schnur und lief den Laufsteg lang, während der Bäschteli unten ums nackte Leben rang. Denn er tünkelte ihn alle paar Sekunden und zog erst an der Schnur, wenn Pläterlein kamen.

Diesem Spiel hatten wir lange zugeschaut, und einmal hatten wir genug. Da mieteten wir den Waber Werner von der oberen Klasse, jenen zünftigen Sektionsschwimmer, der kam zu uns in den Krottenweiher herüber und bat unseren Lehrer um eine kurze Schwimmstunde: Er bringe es einfach nicht fertig, über

Wasser zu bleiben. Der Lehrer war nur allzu gerne bereit, band ihn an die Schnur, müpfte ihn ins Wasser, zog ihn an der Stange weiheraufwärts, immer mit seinem alten Trick des Tünkelns, aber in der Mitte riss der Waber blitzartig am Seil, und dieser Lehrer, dieser Schwimmlehrer, den wir jetzt noch nie im Wasser gesehen hatten, fiel kopfüber hinein, und nun kam ihm alles aus: Er brüllte jedesmal, wenn er heraufkam, einen Liter Wasser aus der Lunge, versank wieder, tauchte auf, jammerte, ging unter, und wenn ihn der Werner nicht gerettet hätte, wäre der Mann zur Wasserleiche verurteilt gewesen.

Es wurde in der ganzen Schule ruchbar, ein Nichtschwimmer gebe Schwimmstunde, und daraufhin zog ihn die Direktion ein, und von nun an haben wir ihn zu unserem Feind. Er plagt uns seither am Trockenen.

Und darum hatte er ganz sicher ein Kleines verdient. Wir waren uns noch nicht rätig, was vorzukehren sei, denn dass ihm der Felix zwei Bisquitts mit Niveacreme dazwischen offeriert hatte, war nicht Strafe genug.

Bei der Kochstelle hinter dem Felsen, wo wir uns berieten, kam der Wrigley auf *die* Idee, als ich nämlich zufällig mein Glasauge aus dem Sack zog. Er verlangte es mir ab, sagte uns rein nichts, sondern, als hätte er gar nichts vor, kochte er die Suppe weiter. Plötzlich aber, nachdem er uns gesagt hatte, es gehe los, schrie er auf und brüllte wie am Spiess und hielt sich mit dem Taschentuch das Auge zu.

Bald war natürlich der Lehrer zur Stelle und fragte, was da sei.

Der Wrigley schrie, der Eduard habe ihm ein Auge ausgeschlagen!

«Wird mir nicht sein!» grinste der Blänes, unser Lehrer. «Nicht mehr und nicht weniger als ein Auge? Wart, lass den Schaden sehen», und damit wollte er ihm das Taschentuch vom Auge nehmen.

Aber der Wrigley liess es nicht zu und sagte, jetzt sei er halbblind und schrie weiter.

«Stalder, nimm dich zusammen!» befahl der Blänes. «Man kennt nachgerade eure Wehleidigkeit. Zu unserer Zeit hätte man sich geschämt, ob jedem Bobo solch ein Aufheben zu machen. Da biss man auf die Zähne und zeigte sich mannhaft! Und hätte man mir den Kopf abgerissen, nicht mit der Wimper gezuckt hätte ich. – Aber die Jugend von heutzutage ist verzärtelt und weichlich. Wenn sich einer von euch in den Finger pickt oder ein Tröpflein Blut sieht, so meint er, er müsse mindestens in Ohnmacht fallen!»

«Stalder! Aufgehört. Mach deine Pflicht und koche die Suppe, dann wird es schon bessern.» – Und damit begab sich der Blänes wieder zu seinem Klappstuhl, den ihm der Sikki den ganzen Tag hatte nachtragen müssen.

Der Wrigley aber nahm das Tuch vom Auge, brüllte bisweilen noch weiter, aber sagte zwischenhinein: «Da habt ihr ihn, unsern Blänes!»

An der ganzen Sache begriff ich nur die Pointe nicht. War das nun ein Streich, eine Rache, diese blöde Brüllerei? – Aber der Wrigley zwinkerte bloss mit den Augen und flüsterte:

«Abwarten!»

Wir warteten ab. Die Suppe wurde angerichtet und in die Gamelle verteilt. Auch dem Blänes füllte der Wrigley mit Sorgfalt die seinige. Der Eduard brachte sie ihm. Der Blänes sah nur hinein und sagte:

«Brühe, das!» – sonst nichts.

Dann begann er zu löffeln.

Und dann stocherte er.

Dann sagte er ärgerlich: «Natürlich, Knollen!»

Und dann beförderte er mit dem Löffel etwas vom Grund herauf, und als es abzutropfen begann, war es das Auge vom Grümpel Schorsch!

«Nein! – – Nein!» schrie Herr Blank.

Die Gamelle zitterte in seiner Hand. Er kam noch eben dazu, sie ins Gras zu stellen, aber dann muss es ihm schwarz geworden sein, denn er, der nicht mit der Wimper gezuckt hätte, lag hinter seinem Stuhl im Gras und kam erst zu sich, als die Nässe ihn zu neuem Leben weckte.

Und was für ein Leben! Als er erkannt hatte, dass der Wrigley noch ganz und unbeschädigt war, da tobte er und stellte fest, mit einer solchen Bande sei ihm der ganze Tag vergällt, und bis zu Hause gab er keinem mehr ein gutes Wort.

Als wir abends von ihm Abschied nahmen, leuchtete in seinem Auge deutlich eine schlechte Zeugnisnote auf, und wir wussten, dass ein Mensch mehr auf Erden nach unserem Untergang trachtete.

Drei Wochen ging es noch bis zur Promotion. Zwei davon bildeten den Promotionsendspurt. Wir vergruben unsere Häupter in Hefte und Bücher, denn jetzt gings aufs Ganze, und manchmal bemerkte Wrigley halb verzweifelt, nicht einmal der Pestalozzi wäre gegen einen feindlichen Lehrkörper aufgekommen.

Ich glaube, wir drei wären alle geflogen, unseren Noten zum Trotz, wenn der gute alte Raimond nicht gewesen wäre. Der unterrichtet zwar französisch, und das ist eine Sprache, bei der es einem dünkt, sie sei erfunden worden, um Schüler hereinzulegen: Alles muss man genau so schreiben, wie man es nie und nimmer schreiben dürfte, wenn man richtig schreibt. Für Überraschungen ist dauernd gesorgt, und das ist umso überraschender, als es nichts langweiligeres und einfältigeres gibt, als französische Geschichten. Zum Beispiel den ersten Satz, den wir hatten, werde ich nie vergessen: «Mimi rit et dit: Fini.» Oder: «Une plume dure, une figure brune.» Idiotischere Sätze sind mir nie begegnet. Die Lehrerschaft fand zwar, das sei nur der Anfang. Später werde es besser, aber was ist besser geworden? – Etwa jener blöde Jean Bouvier aus Beaulieu, von dem im zweiten Buch erzählt wird? Ich habe nie ein grösseres Ekel gesehen, als diesen jungen Affen! Das eine Mal geht er zum Beispiel eine Seite lang ausschliesslich im Subjonktif von Beaulieu nach Vieuxvillage, um dort drüben den Satz zu prägen: «Poison sans Poisson est Boisson», und dann kehrt er in der nächsten Lektion ohne Sinn und Spitz im passé defini nach Beaulieu zurück.

Das ist nicht abzustreiten. Aber der alte Raimond kann nichts dafür. Für den gehen wir trotz seiner fatalen Sprache durchs Feuer. Er ist zwar zerstreut und ohne jede Ordnung, vergesslich wie ein Suppenhuhn und ungemein kurzsichtig, aber sein Herz ist aus Gold. Er ist der einzige, der weiss, wie brav wir sind, und wenn etwas schief geht, so bekommt er ein schräges Lächeln im Gesicht, und er hält seine Hand über uns wie ein Adler sein Gefieder, und wenn etwas ganz Arges vorfällt, wird er ein wenig traurig und munkelt: «Mon vieux» und sagt, man solle solche Sachen vorsichtigerweise nicht zu oft wiederholen, und das geht einem alle Mal durch Mark und Bein.

Vater Raimond hat uns vermutlich in der Lehrerkonferenz gerettet. Die Zeugnisse waren gar nicht schlecht, und bloss im Begleitbrief an die Eltern schrieb die Lehrerschaft, trotz genügender Leistung sei unsere Beförderung in die obere Klasse in Frage gestanden, denn bei solchem Unfleiss und solchem Betragen habe die Lehrerschaft erwogen, ob es für die Schule nicht eine Erlösung bedeute, wenn wir in ein anderes Institut hinüberwechseln. Trotz schwerer Bedenken sei man für diesmal noch zur Promotion geschritten in der Annahme und Hoffnung, dass unsere Eltern aus diesem Schreiben erzieherisch die nötigen Konsequenzen ziehen. Mit vorzüglicher Hochachtung.

Diesen Brief lasen wir mit Genuss, denn keiner der Lehrer schien daran gedacht zu haben, dass wir ihn noch vor der Haustür verschwinden lassen könnten. Wir versenkten ihn in die Aare, weil wir wussten, dass wir damit unsern Eltern viel Gram ersparen.

Und so war denn zu Hause eitel Freude. Vereint lobten uns die Väter und sagten, dem Fleiss gehöre der Preis, und sie erlaubten uns hiermit, am Frühlingslager im Tessin teilzunehmen. Die einzige Bedingung sei, dass wir so fortfahren wie bisher, und das gelobten wir aus vollem Herzen.

Lieber Leser, kennst du das Gefühl, wenn nach gehabten Sorgen die Ferien ausbrechen?

Der Handballmatch

Es frage mich nur niemand, wie wir ins Tessin gekommen sind. Denn erstens wird jeder ausdauernde Leser dieses Romans noch genug der Velofahrten serviert bekommen, und zweitens erspare ich mir und anderen gerne die gehabten Leiden. Da sagte unser Führer in einem fort, wir sollen doch die Frühlingspracht bewundern. – Wie soll man bewundern, wenn der Vorderste ein Tempo einschlägt, welches das Feld sprengt, wenn jede dritte Minute einer zurückbleibt mit einem Nagel, einer ausgehängten Kette, einem schiefgerutschten Rucksack; wie soll man den Frühling bewundern mit einem wunden Hinterteil und einem spriessenden Eiss? – Und was hat man zum Beispiel von der schönsten Landschaft, wenn man vorne, seitlich und hinten Gepäck geladen hat und sich vorkommt wie ein Speditionsbeamter, und wenn einem der Fritzli, jener Fritzli, den wir Frieda nennen, seinen Rucksack zu allem anderen noch aufbürdet, weil er mit seiner Fünfundzwanziglitersirupflasche genug zu schaffen und zu schonen hat?
Ja, dieser Sirup!
Der Frieda kennt sich nämlich beim Herrn Stucker & Zesiger aus, welcher Kolonialwaren engros verkauft. Dem schrieb der Frieda ein schönes Gedicht von unserem Lager, und nach einer Strophe lautete der Refrain: «Sirup, Sirup, Sirup.» Sieben Strophen lang winkte er dem Herrn Stucker & Zesiger mit dem Holzflegel, und das Resultat war eine 25-Liter-Flasche, nicht vom besten, aber immerhin Sirup. Das war im tropischen Klima ein wesentlicher Vorteil, drum beugten wir uns, dem Frieda abwechslungsweise den Rucksack abzunehmen. Rund um diese Flasche war während der Fahrt stets ein Hohlraum. Kam man in seine Nähe, so rief er: Obacht, der Sirup.

Wie will man das Frühjahr geniessen auf einer solchen Fahrt? Wir waren darum sehr froh, als wir in Erstfeld bis auf die andere Seite vom Gotthard einladen durften.

Es herrscht eine weitverbreitete Meinung, jede Eisenbahnfahrt, besonders wenn sie durch den Gotthard gehe, sei ein Genuss. – Das ist übertrieben, denn sie fing gar nicht gut an.

Schon nach fünf Minuten Fahrt kam irgendeiner auf die glorreiche Idee, den leeren Duvetanzug als ein Segel zum Fenster hinauszuhalten, und wir packten alle die unsrigen aus. Kaum aber hielt ich den meinigen vors Fenster, blähte er sich und hätte mich zum Abteil hinausgerissen, wenn ich nicht die Geistesgegenwart besessen hätte, ihn fahren zu lassen. Weil auch sieben andere die gleiche Geistesgegenwart aufbrachten, froren wir ob dem empfindlichen Duvetmangel hernach im Tessin beträchtlich, und nur die Bewohner des Kantons Uri hatten von der Idee einen Vorteil.

Dann aber kamen die Kehrtunnels bei Wassen. Der Führer versammelte uns um sich und erklärte uns das System und sagte, wenn man wolle, könne man den Beweis erbringen, dass der Tunnel im Kreis herumführe: Man brauche nur einen schweren Gegenstand an einer langen Schnur an der Decke aufzuhängen und ihn pendeln zu lassen, dann pendle es immer in der gleichen Richtung, während sich der Zug darunter drehe. Wir sollten es ruhig probieren, und sogleich zog er seinen Bergschuh aus. Der wurde sachgemäss aufgehängt, und alle standen oder sassen im Kreis darum, bis der Kehrtunnel kam.

Kaum waren wir drin, erlosch das Licht.

Einer hatte dem Schuh eben noch einen Stoss gegeben, und nun ging in der Dunkelheit der Tanz los: Ich bekam ihn, den Schuh, in die Magengrube und schleuderte ihn weiter, und unter gewaltigem Geschrei flog er an Schienbeine und an Köpfe, und es war, als hingen Dutzende von Schuhen an Dutzenden von Schnüren.

Eben hatte ich ihn wieder vaterländisch von mir gestossen, als

auf der anderen Seite der sattsam bekannte Ton von springendem Glas erklang.
Totenstille.
Nur noch ein leises Stöhnen und ein schleimiges Plätschern tönte aus jener Ecke, wo wir den Frieda wussten, der still abseits geblieben war, um auf seinem Schoss die Flasche zu hüten.
«Die Frieda läuft aus!» scholl es von drüben, und ein deutliches Himbeeraroma bestätigte diese Behauptung.
Wer noch nie in einem Drittklassabteil der Bundesbahn 25 Liter Sirup verschüttet hat, hat kein Recht zu behaupten, eine Gotthardfahrt sei schön. Das ist wirklich gar nicht schön, nach dem Tunnel bei Tageslicht einen Knaben an einer Sauce zu finden. In der Hand hielt er noch den Hals mit dem Zapfen, aber vom Kinn an abwärts war der Frieda schleimig und oben weinerlich.
Wie reinigt man einen Knaben von so viel Himbeersirup? Ohne dass es die Bundesbahnen merken? Wie heilt man den Schaden auf Bänken, Lehnen, Fenstern und am Boden? –
Ich weiss nur noch, dass wir ihn nach vielem Bemühen zwar nicht weggebracht, aber doch überall gerecht verteilt hatten.
Ich weiss ferner noch, dass keine vier Minuten nachher der Kondukteur auf seinem Rücken lag und seinen Anteil am Sirup bekam, und zwar mehr äusserlich. Ich weiss auch noch den Zorn des Publikums und die Trauer der Frieda, bloss eines weiss ich ganz und gar nicht: Wie das Land zwischen Amsteg und Airolo aussieht.
So war der Sirup hin und die schweizerische Bundesbahn empört. Der Wagen musste ausgewechselt werden. Das kostete fünf Franken. Der Frieda

war leider schon viel zu sehr abgetropft, als dass man vom restlichen Sirup noch etwas gehabt hätte, und trotzdem verfolgte uns diese Flüssigkeit bis tief ins Lager hinein, denn noch einmal wurde ein Gedicht entworfen und auf der Schreibmaschine des Sindaggo ins Reine geschrieben und an Herrn Stucker & Zesiger geschickt, aber weil sich niemand mit dieser Maschine auskannte, passierte das Missgeschick, dass es auf der Adresse hiess: «Herrn Fratz Stucker & Zesiger», und diesen Fratz hat uns der Herr vom Lebensmittel engros nie verziehen, so dass auch fürderhin kein Sirup mehr zu haben war.

Bloss ein Gedanke riss uns im Gotthardtunnel drin aus der Trauer: Dass es nämlich von Airolo an hinuntergeht und darum das Velofahren zur Freude wird. Kaum waren wir aber ausgestiegen, empfing uns der Föhn. Und was für einer! Ging es ebeneswegs, so musste man absteigen, weil man gegen solchen Wind nicht aufkam. Ging es ein wenig hinunter, so fuhr man mit knapper Not wie bergauf; und wurde das Gefälle fast senkrecht, so brachte man es endlich mit Mühe auf 20 Kilometer.

Das Gemeine an der Sache war, dass alle Velofahrer, die uns talaufwärts begegneten, mit den Händen in den Hosensäcken die Steigungen erklommen und uns, die wir hinunterrackerten, weidlich auslachten. Ein einziges Mal, hinter Faido, liess der Wind für zwei Minuten nach, damit wir merken konnten, wie schön es wäre ohne Föhn. Der Sikki beugte sich über die Lenkstange und nahm die Beine hinten hoch wegen des Luftwiderstandes, und ich glaube, damals hätte er es zu einer Schussfahrt gebracht, aber leider, leider drückte er mit dem Fuss das Schloss hinein, welches eine halbe Sekunde mit den Speichen Harfe spielte, aber dann waren die Speichen weg, und der Sikki sank in sich zusammen.

Wie wir nach Tenero gekommen sind, will ich nicht beschreiben: Genau wie Napoleon in Russland, und das brachte unseren Führer darauf, unterwegs das Beresinalied anzustimmen. Das nahm uns vollends alle Kraft. Jenes «Mutig, mutig, liebe

Brüder» wäre noch gegangen, aber als es dann hiess: «Morgen geht die Sonne wieder freundlich an dem Himmel auf», war es des guten zu viel. Dass die Sonne schon heute geschienen hatte, und zwar mit verbissener Freundlichkeit, kann ich bescheinigen.

Mit letzter Anstrengung bezogen wir den Lagerplatz in Tenero, auf der Matte am See; mit müdem Murren stellten wir die Zelte auf, und spannend wurde das Leben erst wieder, als am fünften Tag der grosse Handballmätsch unserer beiden feindlichen Mannschaften ausgetragen wurde. Der ist zu denkwürdig, um übergangen zu werden.

Torhüter der gegnerischen Mannschaft war der Hänneli. Der Wrigley sagt von ihm, er habe noch nie einen Menschen so innig und so von ganzem Herzen gehasst, wie diesen Hänni.

Das kam nur vom Brot und war folgendermassen:

Der Hänneli ist eineindrittel Kopf grösser als wir alle zusammen, und es ging das Gerücht um, er sei deshalb so gross, weil er als Kind immer Elefantenmilch bekommen habe, als sein Vater Kellner im Kaffee Kongo war, was wohl nicht stimmt. Wrigley meinte, der sei viel eher mit Hornochsenmilch oder Kamelsmilch aufgezogen worden, denn im Verhältnis zu seiner Grösse war er nicht der Hellste.

Item, dieser Hänneli war in Tenero verhasst, weil er das Brot unter sich hatte, das er beim Essen verteilen musste, wobei er immer fragte:

«Eugen, willst du viel?»

«Nein, nur ganz wenig.»

Aber dann schnitt er ein Wagenrad ab, mit dem man eine Nation füttern könnte. Sagte man ihm aber: «Hänneli, ich sterbe vor Hunger! Schick mir ein halbes Brot», so zwickte er einen Schnitzel ab, der sich ohne Mühe in eine Briefmarke wickeln liess.

Drum versuchte der Wrigley mit ihm einmal sein Spezialverfahren, als er sich den Magen verdorben hatte: Er forderte vom Hänneli eine Doppelportion Brot – und bekam sie auch, und der Brotchef ruhte nicht, bis die ganze Doppelportion im Innern des wütenden Wrigley verschwunden war. Kein Wunder, dass man im Handball einen solchen Gegner nicht schont.

Auch der Wrigley war im Gohl. Seit seinem Erlebnis mit dem Balabbio. Das ist schon Jahre her, aber noch immer schön.

Damals war nämlich Balabbio eidgenössischer Torhüter und zusammen mit dem Amado hochberühmt. Fast gar wäre er einer der besten Freunde Wrigleys geworden.

Das kam so:

In Bern war damals Schweiz gegen Italien, und die ganze Klasse fussballverrückt. Der Eglikurt besass auf einem Zeitungspapier die Unterschrift vom Amado und schnitt damit so heftig auf, dass der Wrigley ihn zu überbieten trachtete. Solche Unterschriften waren hoch im Kurs: Man bot dem Eglikurt Schlüssel, Bleistifte und der Wrigley sogar eine weisse Maus, aber vergeblich.

Apropos weisse Mäuse:

Der Wrigley hatte ein Vierteljahr zuvor mit dem Gasser Walter ein Paar gegen ein Katzenfell eingetauscht, und dann machten wir eine Mäusezucht im Keller der Tante Melanie, denn in dem unseren ist alles voll von Kartoffeln und Flaschen, während in Melanies Platz die Fülle ist.

Der Wrigley tat sie in eine grosse Kiste und fütterte sie jeden Abend. Als es schon ein Dutzend waren – das geht bei weissen Mäusen rapid – verleidete uns die Zucht, und wir stellten, um weniger Mühe zu haben, einen grossen Kessel Wasser und ein halbes Pack Kentauer Haferflocken in die Kiste, – und dann vergassen wir die Angelegenheit.

Nach sechs oder acht Wochen sagte der Wrigley einmal mitten in der Nacht (es war damals, als ich bei ihm unten schlief), es gramsele ihn etwas am Bein. Als ich das Licht andrehte, war es eine weisse Maus. Wir fragten uns, woher die wohl komme; das sei doch sehr merkwürdig, versorgten sie aber in die Nachttischschublade und schliefen weiter.

Als wir am nächsten Morgen in den Keller kamen, und als wir das Abteil der Melanie öffneten, war es grauenhaft: Alles voll von weissen Mäusen. Hunderte und Hunderte. Aber nicht mehr lange, denn sie pirschten sich, bevor wir es hindern konnten, zur Tür hinaus und verteilten sich im ganzen Wohnblock.

So etwas hat man nördlich des Aequators wohl noch nie gesehen, was man in den nächsten Tagen in unserem Hause sah: Alles voll weisse Mäuse, aber auch alles! In der Milch, im Lavabo, in der Stube, in Vaters Manteltasche, im Bett der Tante Melanie, in ihrem Muff natürlich, im Briefkasten – –: Ueberall weisse Mäuse, und es gab erstens für uns Knaben von seiten der Erwachsenen eine grausame Vergeltungsaktion und zweitens eine harte Wiederaufbauarbeit, denn Mäuse im Haus sind hartnäckiger als Läuse im Haar. Ich weiss seither, was ein Mausoleum ist.

Item, so eine weisse Maus samt Jungen bot der Wrigley dem Eglikurt für seine Unterschrift vom Amado. Aber er wurde hochmütig abgewiesen, und das brachte den Wrigley auf eine einfache Idee:

Am Sonntag warteten wir vor dem Portal des Ländermatchs, denn um selber hineinzugehen reichte unser Geld nicht aus. Wir wollten warten, bis nach dem Spiel die Fussballchampignons das Stadion verliessen, um ihnen eine Unterschrift abzubetteln. Der Wrigley hatte es auf den Balabbio abgesehen: Der werde den Eglikurt in den Schatten stellen, und zu diesem Zweck hielt er eine Photographie aus dem «Tipp» in der Hand, um vergleichen zu können.

Wir hörten eine Stunde lang drinnen das Gebrüll, und man merkte auch von aussen das himmelschreiende Unrecht des Schiedsrichters. Dann kamen die Massen heraus, und endlich wurde es still.

Jetzt hatten sie sich wohl gewaschen und die Wunden verbunden: Nun war es Zeit für die Spieler. Wir waren sehr gespannt.

Und dann kam der grosse Moment:

Aus dem Portal trat ein Riese mit Obeinen und furchtbar schwarzen Augenbrauen. Wir warfen einen letzten Blick auf die Photographie, und mit Herzklopfen wussten wir, dass es Balabbio sei. Der Wrigley stach auf ihn zu und fragte ihn ganz schüchtern, ob eh, ob er vielleicht so gut sein wolle, ihm ein Autogramm auszufertigen.

Der Balabbio war sehr freundlich und gebauchpinselt, und was uns besonders auffiel: Sehr, sehr bescheiden. Er wollte wissen, woher wir ihn kennen, und warum wir seine Unterschrift begehren: Er sei doch nicht so berühmt.

Und dann schrieb er seinen Namen auf den Zettel, faltete ihn zusammen und legte ihn in Wrigleys Hand, der damit umging, wie mit einem Baslertäubchen.

Wir durften ihn bis zum Tram begleiten und beim Abschied gab uns der Balabbio die Hand, dieselbe Hand, welche heute mindestens zehn Tore verhindert hatte. Wir winkten ihm nach, wie einem alten Freund, und der Wrigley murmelte mit Tränen in den Augen: «So, Herr Eglikurt!»

Und dann sahen wir uns die heilige, begehrenswerte Handschrift an – – aber auf dem Zettel stand:

Alexander Krämer, Finkenhubelweg.

– – Es war leider nicht der Balabbio gewesen, aber trotzdem wollte der Wrigley beim Handball nur noch ins Gohl, denn schliesslich: Er hätte es ja sein können.

Der Match begann.

Wir hatten von Anfang an nichts Gutes geahnt, weil der Aschi Gerster, unser erster Verteidiger, nicht mitspielte, denn seit der Affäre mit unserem Zeichnungslehrer war sein Knie noch immer nicht ganz in Ordnung. Ja, diese Geschichte!

Die war so gekommen:

Etwa drei Wochen vor den Ferien war am Nachmittag Zeichnen – wieder einmal im Schulhaus. Die meisten unter euch wissen schon, wie sehr dieser Lehrer die Eintracht liebt, und auch an jenem Nachmittag kam er geradewegs aus dieser Eintracht zu uns. Wie immer hatte er heute Mühe mit den senkrechten Linien.

Darauf beruhte dem Aschi sein Plan:

Er zog vorher den Wrigley und den Eduard ins Vertrauen, weil es sehr viele Bilder an den Wänden hat und er alle bedienen wollte: Sie banden an die Ecke jedes Bilderrahmens dünnen Faden, und als der Lehrer im Zimmer war, zogen sie ganz langsam an den einen Fäden, bis sämtliche Bilder schräg an der Wand hingen. Dann rissen sie sachte an den anderen, und ganz langsam richteten sich die Bilder wieder auf und nickten bald nach der anderen Seite.

Weil dieser Lehrer in seinem Zustand mit den Senkrechten nicht zu Schlage kam, sah er zuerst überhaupt nichts, und als er es sah, war er seiner Sache gar nicht sicher. Er meinte, er selber stehe schief, wurde ganz still, fuhr sich mit der Hand übers Gesicht und sah wieder an die Wand.

Nach einer Weile ging er zum Lavabo, trank ein Glas Wasser und kontrollierte von neuem die Wand. Schliesslich setzte er sich belämmert hinters Lehrerpult, starrte unaufhörlich die wankenden Gemälde an, schüttelte den Kopf, sah wieder hin und seufzte.

Alles wäre sanft verlaufen, aber der Wrigley verdarb im Übermut den ganzen Spass: Er fing an, so zu ziehen, dass seine Bilder wogten wie Schiffe im Sturm, und endlich ging dem Lehrer ein Licht auf.

Mit blau-violettem Kopf kam er nach hinten, erwischte einen der Fäden, ging ihm nach und endete beim Aschi. Dann rannte er zur Wandtafel, holte den Masstab, zog über dem Aschi kräftig auf – und traf die grosse Lampe an der Decke, welche unter hellem Klirren auf unseren Herrn Zeichnungslehrer herunterregnete.

Mit grossem Schrecken war der Aschi aufgesprungen, um die Flucht zu ergreifen, aber er stolperte und verstauchte sich das Knie.

Darum mussten wir es heute ohne Aschi in der Verteidigung machen, und das war eine kolossale Schwächung.

Auch der Eduard war nicht so recht in Form, bloss wegen der Tabakblätter von gestern nachmittag.

Das war so gekommen:

Ganz hinten auf dem Lagerplatz war eine alte Ruine, das heisst, zwei Mauern unter einem Dach. Dort hingen an Stangen ganz grosse Blätter. Zuerst wussten wir nicht, was es war. Der Bäschteli meinte, es sei Spitzenwegerich, von der ganz grossen Sorte. Er kenne ihn, denn die Mutter mache ihm Tee davon, wenn er verstopft sei. Aber es erwies sich, dass es Tabakblätter waren.

So etwas hatten wir noch nie gesehen, weil Bern so nahe am Polarkreis liegt.

An jenem Nachmittag sassen wir dort hinten im Schatten der Ruinen und genossen zum erstenmal den Tessin. Wir hörten die merkwürdigen Glocken und waren lange Zeit still, bis Eduard gedankenverloren sagte, hier hänge sehr viel Tabak. Um mit dem fertig zu werden, müsste einer mindestens zehn Jahre schiggen.

Der Wrigley aber meinte, das sei viel zu wenig: Ein Dutzend ausgewachsene Maurer müssten im Achtstundentag vierzig Jahre lang schiggen und wären immer noch nicht zu Ende.

Dann fügte er versonnen bei:

Schiggen sei sehr gesund und männlich, und der Eduard fuhr fort: Schiggen sei gut für die Kaumuskulatur, und er schigge sehr gerne.

Der Bäschteli aber lachte ihn aus und behauptete, wenn der Eduard nur ein einziges Blatt ausschiggen müsste, bis kein Saft mehr kommt, so wäre er ein halber Leichnam. Der Eduard entgegnete, ein paar so lumpige Blätter nähme er sogar noch vor dem Morgenessen.

Diese Rede veranlasste die Beiden zu einer Wette um ein Messerchen. Wrigley stieg hinauf unters Dach, suchte ein passendes Blatt, und der Eduard riss sich verächtlich ein Stück ab und begann zu kauen. Zuerst verzog er keine Miene und tat, als sei's sein täglich Brot, und erst nach der Hälfte begann er säuerlich dreinzublicken. Inzwischen aber bekam der Bäschteli Angst um sein Messerchen, und wie der Eduard noch immer nicht ans Aufhören dachte, fragte ihn der Bäschteli voller Furcht, ob er das Messerchen nicht behalten könnte, wenn er sich verpflichte, den Rest des Blattes selber fertigzuschiggen.

Der Eduard, innerlich schon leicht aus dem Gleichgewicht geraten, willigte erstaunlich schnell ein, und nun kaute der Bäschteli mit gräulichen Grimassen und mit Tränen in den Augenwinkeln das Blatt zu Ende, und dann waren sie quitt.

Aber beide waren hernach sehr still. Sie legten sich der Länge nach hin, und dann verschwanden sie selbander im Gebüsch, und wir mussten sie zu den Zelten führen, um sie die halbe Nacht zu pflegen.

Also, ohne Aschi und mit einem halbbatzigen Eduard fing der entscheidungsschwere Match an. Unsere einzige Hoffnung war der Sikki.

Das ist nicht selbstverständlich. Denn so fleissig er im Sturm ist, so faul ist er im Alltagsleben. Nur so ein ganz kleines Beispiel: Bei ihm zu Hause haben sie einen relativ grossen Garten, und dem Sikki liegt es im Frühjahr ob, ihn umzustechen, weil sein Vater noch mehr an Faulheit leidet. Die Zeit des Umstechens ist für Sikki eine Zeit der Qual. Bloss ein einziges Mal hat er seine Pflicht voll und ganz getan, damals nämlich, als ihm sein Onkel zwei römische Münzen aus Paris heimbrachte. Was macht der Sikki? Die eine dieser Münzen vergräbt er im Kohlrabenbeet, die andere legt er zwei Nächte in Regenwasser und beklebt sie hernach mit Dreck, kommt mit ihr in die Schule und sagt dem Geschichtslehrer, er habe sie im Garten gefunden.

Dieser Lehrer macht grosse Augen, eilt am Nachmittag ins Museum, bespricht sich mit dem Direktor, und andertags haben Sikkis Eltern einen Besuch der Museumskommission: Man habe also bei ihnen im Garten römische Münzen gefunden, und man erlaube sich die höfliche Anfrage, ob Sikkis Eltern einem freiwilligen Stab von Studenten die Erlaubnis erteilten, im Garten nachzugraben. Erstens seien die Münzen höchst selten: Wie man herausgefunden habe, stammen sie aus der französischen Provinz, und hierzulande habe man solches noch nie gefunden, und zweitens habe man schon lange vermutet, in dieser Gegend liege eine antike Begräbnisstätte.

Herr und Frau Sikki sahen sich in Gedanken schon mit einem Tonkrug voller Münzen als lächelnde Grundstückbesitzer in Ringiers Unterhaltungsblättern abgebildet mit der Ueberschrift: «Glück im Gemüsegarten» und gaben die Erlaubnis frohen Sinnes.

Drei Tage lang stachen zwölf Studenten den Garten um, aber das einzige, was sie fanden, war Sikkis zweite Münze.

War der Erfolg auch unter den Erwartungen des Museums geblieben, so hatte er die Erwartungen des Sikki übertroffen, denn der Garten war umgestochen und aufs beste gepflegt.

So einer war also unser Links-Aussen. Was er im Alltag vermissen liess, das offenbarte er, wenn er am Ball war: Ein hervorragender Stürmer. Drum waren wir nicht ohne alle Hoffnung in den Match gezogen.

Der Match hatte begonnen.

Aber es wurde kein rechter Match, denn ein paar Sekunden nach dem Anstoss lag der Wrigley auf dem Bauch, und der Hänneli, der feindliche Torwart, sein innigster Gegner, hatte ihm ein Gohl gemacht.

Der Wrigley protestierte: Ein Torwart dürfe nicht so weit aus dem Kasten heraus! Das sei Faul, und das Gohl gelte nicht.

Aber die Referie blieb fest, worauf der Wrigley schrie, die Referie sei bestochen, und das Ganze sei eine abgekartete Sache zwischen dem Hänneli und dem Tutti, welcher Schiedsrichter markierte.

Der Wrigley wütete und wallte, gab dem Hänneli einen Fusstritt, rannte davon, der Hänneli hinter ihm her, und aus lauter Zorn und Angst kletterte er auf eine Birke.

Das Köfferchen

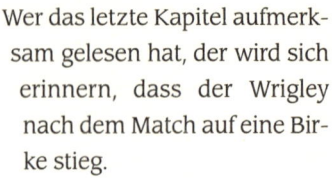

Wer das letzte Kapitel aufmerksam gelesen hat, der wird sich erinnern, dass der Wrigley nach dem Match auf eine Birke stieg.

Dort oben, so brüllte er herunter, werde er bleiben, bis die Referie das Tor annulliere, aber das fiel dem Tutti nicht ein.

Der Hänneli aber stand unter dem Baum, machte faule Witze und redete dauernd davon, dass die Affen steigen und die Frösche, wenn das Wetter ändert. Der Wrigley im Geäst zischte wie eine Schlange, aber herunter kam er nicht.

Zuerst lachten wir und glaubten, es handle sich hier nur um einen kleinen Zwischenfall. Das glaubte auch der Hänneli, welcher unten stand und Wache hielt und beteuerte, er dürste nach Rache für den Fusstritt: Er werde ein Pflaster auf die Beule legen, und das beste Pflaster werde der dampfende Skalp vom Wrigley sein. Nach einer Stunde wurde es dem Hänneli zu langweilig. Er ging von der Birke weg und meinte, mit der Rache pressiere es ihm nicht so, denn Wrigleys Skalp sei auch morgen noch frisch genug. Aber der Wrigley blieb.

Wir schickten den Hänneli, ihm zu sagen, er solle jetzt herunterkommen, denn er habe sich entschlossen, ihm kein Haar zu krümmen: Säuglingen solle man nicht wehetun. – Aber der Wrigley tat keinen Wank.

Nach einer weiteren Stunde, als wir schon recht beunruhigt waren, schickten sie mich als Unterhändler zur Birke, und ich sprach

ihm von unten her zu, so freundlich wie eine Mutter dem verletzten Kind oder ein Bauer der kranken Kuh, aber der Wrigley bestand darauf, er komme nicht, es sei denn, das Tor werde ungültig erklärt. – Weil wir wussten, dass der Tutti nicht zu ändern war, blieb uns allmählich nichts übrig als Gewalt:
Zuerst ging der Rolf hinauf, weil er viel Kraft hat: Er wollte diesen Zwerg herunterreissen. Jedoch er landete selbst unsanft am Boden und probierte es kein zweites Mal.
Hierauf kletterte der Sikki am Stamm empor, aber der Wrigley warnte ihn erst, weil er sonst sein Freund ist, und nach der zweiten Mahnung spuckte er ihm ins offene Auge, so dass er bloss noch mit dem anderen sah. Auch er war vorschnell wieder am Boden unten.
Der ganze Trupp umlagerte die Birke, da pflügte sich der Hänneli einen Weg durch uns hindurch und rief zum Wrigley hinauf:
«So Wrigley, wenn du nicht kommst, muss ich leider die Birke fällen.»
Er ging zum Materialzelt und holte umständlich Vorschlaghammer, Axt und Säge. Zuerst begann er, die Axt mit Kennerblick an einem Stein zu wetzen, dann spannte er die Säge und schmierte sie mit einer Speckschwarte gehörig ein, und endlich nahte er sich dem Stamm.
Da endlich kam der Wrigley herunter, aber ohne unserer Worte zu achten, ohne nach rechts und links zu sehen, entfernte er sich durch den Lagereingang und rief von aussen zurück, bei einer solchen Bande und solchem Schiedsgericht bleibe er nimmer. Jenseits des Gotthards sei es für ihn auch schön, und damit war er fort.
Geld hatte er keins, aber er vertraute wohl auf die Tessinertrauben, die ihn nähren würden und bedachte nicht, dass es erst Frühling sei. Ja, ja, auf Trauben ist er scharf, denn ich habe ihn einmal in einen Rebberg am Neuenburgersee begleitet zur Schwester seines Onkels, und dort ass er Trauben, bis er sich legen musste, weil es jedesmal, wenn er ausatmete, einen bläulichen Dunst gab.

Der Wrigley kam den ganzen Tag nicht mehr zurück. Wir vertrauten auf den Abend.

Aber der Abend kam und der Wrigley nicht. Wir unternahmen eine Suchaktion, und der Führer telefonierte bis nach Bern, um die Eltern Stalder auf eine eventuelle Rückkehr ihres Sohnes vorzubereiten. Wir waren alle traurig, nicht weil wir fürchteten, dem Wrigley könnte etwas geschehen sein. O nein, dem geschieht nichts! Aber weil ohne ihn ein Lager anders ist; nicht mehr wie sonst: So viel braver und langweiliger. Kurz, wir vermissten ihn sehr, sogar der Hänneli.

Ich wusste genau, warum der Wrigley so leichterdings das Weite gesucht hatte. Schon lange brannte er nämlich darauf, mit der Bevölkerung des Tessin den Kontakt aufzunehmen, wie er dem sagte. Seit mehr als drei Monaten behauptete er, er spreche fliessend kalt und warm italienisch. Bei besonderer Gelegenheit hatte er es zu Hause nach der Naturmethode gelernt, und das war so gekommen:

In Bern steht auf dem Kornhausplatz an der Ecke der Grabenpromenade das Maronibraterhaus des Angelo Valtanggoli. Dieses Haus kreuzt jeden Morgen unseren Schulweg, wenn nämlich der Angelo und seine Frau es aus der Remise an der Brunngasshalde heraufschieben. Unten hat es kleine Eisenräder, und während des Tages steht es dann oben am Rand des Abhangs und führt uns Knaben in Versuchung.

Es ist nämlich schwer, an einem Maronigeruch vorbeizukommen, ohne in den Sack zu greifen und nach den letzten Rappen zu grübeln. Das hatten wir sehr oft getan, und einige Wochen vor den Ferien betrog uns der Valtanggoli unerhört:

Der Wrigley und ich besassen damals aus besonderen Gründen fast einen Franken, und dieses Vermögen verwandelten wir leider in einen Sack Kastanien. Mit grosser Lust öffneten wir unterwegs eine nach der anderen und fanden eine jede besetzt von einem Wurm. Lieber Leser: Es ist nicht schön, in einen Wurm zu beissen. Noch weniger in zwei. Das ist wie ein Mund voll Unrat, und es darf nicht verwundern, dass wir nach dem siebenten Biss in hellen Zorn gerieten: Der Valtanggoli musste etwas vom Zustand seiner Maronis gewusst haben, und trotzdem verkaufte er sie uns für unser sauer verdientes Geld. Das musste gerächt werden, und es lag ja auf der Hand, wie das zu geschehen hatte. Unter das linke hintere Rad klemmte der Angelo jeden Morgen einen Holzkeil, damit das Häuschen stehen blieb, und der Wrigley sagte, das sei sehr gut: Jetzt könnten wir den Würmerhändler zur Strafe ohne Schwierigkeiten auf Reisen schicken.

Mir war die Angelegenheit nicht ganz geheuer, aber trotzdem machten wir uns an das Häuschen heran, als eine dicke Dame herzutrat und umständlich in den ausgestellten Feigen herumzugrübeln begann. Der Wrigley schlich zur Seitenwand, schob sachte den Riegel vor die Türe, und dann verabreichte er dem Holzkeil geniesserisch einen Fusstritt. Während vorne beim Schalter der Valtanggoli soeben die Hand nach dem Geld ausstreckte, begann das Häuschen sich unter ihm in Bewegung zu setzen, die abschüssige Strasse gegen die Brunngasshalde hinunter.

Ich sah vorne den Angelo aufspringen, an der Türe riegeln, mit den Armen fuchteln und brüllen:

«Oschtia, muesch dr nid fahr, muesch dr alt!»

Aber er sass nun einmal drin in der Falle und sah zum Schalter hinaus das Panorama der Grabenpromenade vorbeiziehen: Zuerst ganz sittig langsam, dann immer schneller. Die Eisenräder kollerten mit kolossalem Lärm über die Pflastersteine, und das Zuschauen wäre schön gewesen, wenn das Häuschen nicht nach fünfzig Metern mit lautem Dröhnen ans Geländer der Schütte geprallt wäre. Mit einem Ruck stand es still, und drinnen kollerte alles durcheinander: Kastanien, spanische Nüsschen, Feigen, Angelo und der Kohlenofen.

Sicher hätte es mit einem Brand geendet, aber geistesgegenwärtig wie wir sind, rannten wir an den Ort der Katastrophe, riegelten die Türe auf, sprangen hinein und buggsierten die am Boden zerstreute Kohlenglut noch rechtzeitig hinaus.

Der Valtanggoli sass verstöbert in einer Ecke und hatte statt des Hutes einen Feigenring auf dem Kopf. Er weinte wie ein kleines Kind und sagte in einem fort: «Povero Angelo.»

Wie wir ihn so vor uns hatten, da waren die Würmer vergessen, und er erbarmte uns derart, dass wir ihm alles wieder in Ordnung brachten, das Häuschen an seinen alten Platz hinaufstiessen und ihm nachher so lange flattierten, bis er sich einigermassen zusammengerappelt hatte.

Nach fünf Minuten waren die Spuren der Rache verschwunden. Der Alte war sehr gerührt. Er fuhr uns mit seiner riesigen Hand über den Kopf und brummte gerührt:

«Bravi Bambini, elfa guot povero Angelo.»

Das war der Anfang einer Freundschaft zwischen ihm und dem Wrigley. Seit diesem Nachmittag sass er in jeder freien Stunde zum Angelo hinein, und dann sangen sie zu zweit traurige Lieder über den Kornhausplatz. Der Wrigley half beim Maronischlitzen, und mit Genuss sah er zu, wie der Alte seine wurmstichigen Kastanien an den Mann brachte.

In diesen Stunden lernte der Wrigley Italienisch nach der Naturmethode, und er brannte seit Anfang des Lagers darauf, sie auszuprobieren. Dazu hatte er nach seiner Flucht Gelegenheit, aber irgendwie muss ihm der Kontakt mit den Südländern misslungen sein, denn am nächsten Morgen stand er mit einer gewaltigen Beule an der Stirne plötzlich wieder im Lager. Wie er zu ihr gekommen war, verriet er nicht. Er sagte uns bloss, er habe sich die Sache noch einmal überlegt, er gebe uns noch eine Chance. Sonst nichts.

Auch wir taten, als wäre nichts geschehen, und der Hänneli schnitt ihm selben Mittags eine derart normale Portion Brot ab, dass der Wrigley versöhnt war und niemand mehr auf die ganze Affäre zurückkam.

Das war auch nicht nötig, denn die zweite lag schon in der Luft. Man delegierte uns an diesem Tag leider zum Graben einer Abfallgrube. Zwei Stunden schufteten wir unter der Sonne des Tessin. Dann kamen wir auf Grundwasser und fanden, es sei nun genug. Aber der Führer inspizierte die Sache, sagte, das Grundwasser sei ideal, denn eine Abfallgrube mit Wasserspülung hätten wir bisher noch nie besessen, und wir sollen die Badhosen anziehen und noch einen Meter tiefer schaufeln.

Wir protestierten: Wir seien schliesslich keine Tiefseetaucher, aber der Führer munterte uns auf, wir sollten es doch der Hyschiene zuliebe tun.

Hyschiene? – Was war nun wieder das?

Der Bäschteli meinte, das sei wohl das Fremdwort für Abfälle.

Aber der Wrigley sagte, wir seien Anfänger: Nun habe sich nämlich der Führer verraten.

Ja, was es denn sei?

Da ging der Wrigley mit uns ins Gebüsch, liess uns schwören, nichts zu verraten und vertraute uns feierlich an, er wisse zufällig seit einiger Zeit, dass der Führer in Bern einen Schatz, ein Mädchen besitze.

Eine Blonde!
Bis jetzt habe er noch nicht herausgefunden, wie sie heisse, aber nun habe sich der Führer verplappert: Hyschiene sei ihr Name! Das klinge freilich so blöd, wie das Mädchen aussähe.
Uns war die Sache trotzdem nicht ganz klar. Weshalb wir dieser Hyschiene zuliebe die Abfallgrube tiefer machen sollten?
Der Wrigley erwiderte darauf, da sehe man, dass wir in dieser Materie keine Kenner seien. Das sei doch sonnenklar: Ganz sicher sei in den nächsten Tagen der Besuch dieses Mädchens zu erwarten, und der Führer werde sie dann stolz im Lager herumführen und mit allem plagieren, und wenn sie dann zur Abfallgrube kommen, werde er stolz eine Stange hinunterstecken, um ihr zu zeigen, wie tief sie sei. Alle solchen Menschen pflegen aufzuschneiden, wenn Mädchen in der Nähe seien.
Nach solchen Ausführungen war es ganz klar, dass wir an unsere Arbeit zurückkehrten. Wir schufteten wie nie zuvor, und keiner gab vor dem anderen zu, dass es wirklich der Hyschiene zuliebe geschah. Während wir in Wasser und Kot hinuntertauchten, dachten wir an das blonde Haar, und wie sie dann oben am Rande stehen werde, und dann frägt sie: Wer hat diese Grube so tief gemacht, und dann treten wir hervor, und sie sieht uns an. So dachten wir und gruben und gruben, bis es Abend wurde und der Führer uns fragen kam, ob wir eigentlich von allen Geistern verlassen seien: Er habe uns nicht befohlen, nach Erdöl zu bohren, und wir sollten uns gefälligst waschen gehen.
Von einem Wort des Dankes – oder von der Hyschiene war nicht die Rede. So sind die Verliebten.
Wir Vier, nein, wir Drei, wuschen uns, denn der Bäschteli hatte uns schon vor Stunden im Stich gelassen mit der Bemerkung, es sei nicht gesund, so lang im Wasser zu stehen: Das gebe Krampfadern und ein frühzeitiges Ende.
Ach, man sieht: Dieser Bäschteli war und blieb ein Muttersöhnchen. Mit Fernsteuerung wurde er auch im Lager verwöhnt, denn alle zwei Tage kam von daheim ein grosses Paket mit Wurst, Pra-

linés und Unterhosen, weil sie daheim als selbstverständlich annahmen, dass er erstens hungere und zweitens friere, und immer belehrten sie ihn in ihren Briefen, die Sachen seien für ihn bestimmt und niemand sonst, und das nahm der Bäschteli derart ernst, dass er mit jedem Paket in der Einsamkeit hinter der Latrine verschwand und erst zurückkam, wenn ihm nicht mehr so ganz wohl war, denn eher riskierte er sein Leben, als dass er auch nur einen Wurstzipfel für uns andere übrig liess.

Das gab uns dermassen auf die Nerven, dass wir uns mit der Postordonnanz auf guten Fuss zu stellen begannen, und als einmal ein Extra-Sonderpaket von mindestens vierfacher Grösse für den Bäschteli eintraf, liess es sich der Wrigley aushändigen, und triumphierend verkündigte er über den ganzen Lagerplatz, eine seiner sehr nahrhaften Tanten habe an ihn gedacht.

Wir versammelten uns um die Zeremonie des Auspackens, und auch der Bäschteli war mit Gier im Antlitz dabei, als der Wrigley ein fertiges Poulet über seinem Haupte schwang, als Ananas dem Karton entstieg, und eine Handvoll Nüsse warf er mit so verschwenderischer Gebärde über den Rasen, dass der Bäschteli nicht achtete, wie geschickt der Wrigley die Unterwäsche verbarg, welche auch diesmal nicht fehlte.

Wir alle hatten an dem Segen teil, mit Ausnahme des Bäschteli, der mit langem Blick dem Poulet nachsah, und er war dem Weinen nahe, als wir sehr öffentlich die Knochen benagten.

So war es zehn Minuten gegangen, da wandte sich der Wrigley – als bemerke er ihn erst jetzt – zum Bäschteli und fragte, ob nicht auch er etwas begehre, und das fragte er mit einem Schinkenbrot in der Faust. Der Bäschteli streckte seine Hand aus, aber er musste sich zuerst eine lange Rede und dann einige Fragen gefallen lassen, zum Beispiel, ob er fortan gesonnen sei, seine Pakete im Freundeskreis zu öffnen, ohne damit hinter die Latrine zu gehen; ob er seinen Segen fürderhin mit uns teilen wolle, wie wir es soeben getan hätten; und als der Bäschteli mit festem Blick auf den überhängenden Schinken bedenkenlos zustimmte, da offenbarte ihm der Wrigley grinsend die Adresse des Pakets und schenkte ihm grosszügig das Brot, nachdem er den Schinken daraus entfernt hatte und sagte ihm kauend, wenn er aus dieser Sache nicht eine Lehre ziehe, bekomme er das nächstemal nicht einmal mehr das Brot. – Weil aber das Mass nun voll war und der Bäschteli in Tränen ausbrach, tröstete ihn der Wrigley und sagte ihm, nein, er dürfe nicht zu kurz kommen, denn immerhin, das Beste habe er ihm aufgespart, und als der Bäschteli hocherfreut die Augen hob, übergab ihm der Wrigley feierlich die zwei Paar Unterhosen.

So seht ihr Erwachsenen: Auch wir besitzen die Gabe des Erziehens, mit dem Unterschied, dass wir weniger grausam, aber wirkungsvoller als ihr verfahren. Der Bäschteli war geheilt, und seither waren wenigstens der Eduard, der Wrigley und ich seine Mitesser.

Kehren wir nun aber zurück zur Abfallgrube. Sie war sehr tief und hatte ihre Folgen.

Fast jeden zweiten Tag gab es nämlich in Tenero ein Hauptverlesen, und das ist etwas Furchtbares: Wenn im Koffer oder Rucksack auch nur die geringste Sauordnung herrscht, pflegt der Führer oder Venner die fehlbaren Gegenstände in die Abfallgrube zu werfen. Das war von alters her der Brauch, und von dem wich man auch hier in Tenero nicht ab, trotzdem die Abfallgrube Grundwasser hatte und die Folgen des Hauptverlesens weit tragischer waren als sonst.

Zweimal passierte es im Lager, dass ein Köfferchen in diese Grube fuhr. Das erstemal flog Gugger seins, weil sich Schweissocken in seiner Gamelle fanden, die am Grund des Koffers auf einer geschmolzenen Tafel Schokolade lag; und der Wrigley sagte, die Strafe sei zwar hart, aber gerecht, denn der Gugger sei eine Kreuzung zwischen einem Schwein und noch einem Schwein, und er wisse wirklich nicht, was Ordnung sei, und Ordnung müsse nun einmal in einem Lager sein, und darum habe er einen schwerwiegenden Denkzettel wohl verdient.

Wir sahen schweigend zu, als der Gugger das Köfferchen aus dem Grundwasser herauszog: Alles war an einer braunen Sauce, und der Wrigley bemerkte wie ein blöder Onkel:
«So, Guggerlein, zum wenigsten ist dein Zeug jetzt einmal gewaschen.»
Zwei Tage später war Fähnlein-Hauptverlesen. Der Tutti untersuchte alles sehr genau, und es stellte sich heraus, dass in Wrigleys Köfferchen nicht nur alles durcheinander war, sondern die Würmer, die er für seine Privatfischerei gesammelt und in ein Taschentuch gebunden hatte, waren innerhalb des Koffers auf Reisen gegangen, so dass der Tutti sagte, das sei schon das Maximum: Der Wrigley habe diesen Koffer so lange nicht aufgeräumt, dass er Würmer bekommen habe vor lauter Fäulnis, und schon flog er in hohem Bogen in die Abfallgrube.
Ach du liebe Zeit, was gab das für ein Lamento! Der Wrigley hatte fast Schaum vor dem Mund, besonders als sich der Sikki an den Rand der Grube stellte und dem Wrigley sagte:
«Ja, siehst du, Wrigley, Ordnung muss halt sein, und du bist eine Kreuzung zwischen einem Schwein und noch einem Schwein, und es geschieht dir ganz recht, denn jetzt ist dein Zeug wenigstens einmal gewaschen.»
Der Wrigley tobte und schrie, das sei eine Gemeinheit vom Tutti, aber dann begann er zu schweigen, und nur wer ganz nahe an ihm vorüberging, konnte ihn den ganzen Tag über murmeln hören:
«Rache ist süss.»
Gegen Abend versammelte er den Eduard und mich am Strand, um Rachepläne zu entwerfen. Denn es sei ganz klar: Der Tutti habe an ihm nicht gerecht gehandelt, wie am Guggerlein, sondern er habe ihn nur wegen des seinerzeitigen Schiedsrichterfehlentscheides auf der Latte, und darum müsse gegen diesen Tutti etwas unternommen werden.
Weil wir den halben Nachmittag dem Wrigley bei der Reinigung seiner Sachen und seines Köfferchens geholfen hatten und wussten, wie bitter jene Abfallgrube ist, war der Racheplan ganz klar:

Auch des Tuttis Köfferchen musste dort hinunter.

Tagsüber liess sich das nicht bewerkstelligen, aber nachts war es ein leichtes, denn der Wrigley liegt im Zelt neben dem Tutti, und wir wussten aus Erfahrung, dass er einen gesunden Schlaf besitzt. Am Fussende eines jeden steht das Köfferlein, und wenn alles schlief, liess sich die Sache besorgen.

Als Erschwerung trat bloss hinzu, dass wir in dieser Woche eine Lagerwache organisiert hatten, bloss wegen Abenteuerlust, und in den zwei folgenden Nächten waren die Herren im anderen Zelt, unsere Feinde an der Reihe. Von neun Uhr an, wenns dunkel war, wurde in der Mitte des Lagerplatzes ein kleines Feuer unterhalten, und die Wache wurde alle zwei Stunden abgelöst: So bekam im Lauf der Tage jeder wenigstens einmal Gelegenheit, mit gekreuzten Beinen vor dem Feuer sich als Winetou zu fühlen.

Aber auch mit dieser Erschwerung konnte man fertig werden, denn die Zelteingänge lagen alle gegen den Lagerplatz hin, und wenn man am Abend hinten die Zelthäringe lockerte, konnte man rückwärts aussteigen, ohne bemerkt zu werden.

Wir sassen immer noch am Strand und schwiegen. Der See war ganz lind, und von Locarno herüber hörte man die Glocken, und weiter draussen waren stille Fischer. Ab und zu warfen wir einen Stein ins Wasser und lugten den Ringen nach, und Friede kam in unser Herz, und es war uns wie vor dem Rütlischwur.

Der Wrigley stand auf und hielt eine Rede: Er habe uns Zwei zur gerechten Rache auserwählt, und der Augenblick sei gekommen, einen Schutz- und Trutzbund zu gründen gegen die Ungerechtigkeit der Welt. Wir mussten schwören, niemandem den Plan zu verraten und ihm auf jedes Wort zu gehorchen und ihm treu zu bleiben bis in den Tod.

Dann besprachen wir noch die letzten Einzelheiten, legten die Stunde der Rache auf die übernächste Nacht fest und trollten uns befriedigt lagerwärts.

So kam es denn am folgenden Abend, wie es eben kam.

Wir hatten früh Nachtruhe, und ich lag neben dem Wrigley. Wir waren ganz ruhig und gingen ein jeder mit klopfendem Herz den eigenen Gedanken nach. Wir hörten draussen das Feuer knistern. Wir hörten gedämpft die Wachen sprechen. Wir achteten, wie sich die anderen im Zelt wälzten, nachdem sie lange Zeit geflüstert hatten, bis ihre Witze immer fauler und müder wurden. Die Atemzüge wurden regelmässig, und schon begann der Bäschteli mit seinem Schnarchen.

Heute nacht waren wir froh darum. Glücklicherweise hatte die Kur nichts genützt. Der Bäschteli ist nämlich ein kolossaler Schnarchler, so, dass sich bei ihm zu Hause die Vorhänge im Takt hin und herbewegen. Das war im Lager sehr lästig, und darum hatte ihn der Wrigley in die Kur genommen:

Des Abends legte er jeweils Zahnpasta neben sich, und zwar die meinige. Er brauche Kolynos, denn weil sie so schäumt, hält sie der Wrigley für sehr geeignet. Wenn der Bäschteli zu ziehen anfing, drückte ihm der Wrigley ungefähr fünf Zentimeter in die Nasenlöcher, und während einer halben Minute hörte man bloss noch: «Haffzgh, haffzgh», dann hustete er und schimpfte aus dem Schlaf heraus, und wenn er sich geschneuzt hatte, war er für ungefähr fünf Minuten still. Länger leider nicht, und der Wrigley sagte, er wolle es nächste Woche mit Pepsodent probieren: Die sei schärfer, und wenn das nichts nütze, mache er einen Versuch mit Pelikanol oder im Notfall mit Plüss-Stauffer-Kitt.

Soweit war es noch nicht gekommen, und in dieser Nacht kam uns Bäschtelis Schnarchlerei sehr zu nutzen.

Wir hatten am Abend die Köfferchen genau nachgezählt: Das vom Tutti war das fünfte von links. Das war wichtig, denn man musste sehr aufpassen, weil wir damals alle ungefähr die gleichen Modelle besassen: Jene Körbe mit gewölbtem Deckel und dem Eisenstab, den man durch zwei Schlaufen schob.

Kurz nach Mitternacht gab mir der Wrigley einen sanften Stoss.

Sehr, sehr vorsichtig hoben wir Tuttis Köfferchen auf.

89

Der Wrigley nahm den Henkel zwischen die Zähne, um Hand und Beine fürs Kriechen frei zu haben.

Mit höchster Anstrengung kamen wir bis hinten ins Zelt, wo der Anton Osterwalder lag – das ist der Bruder vom anderen, und der hatte daheim in unserer Klasse den Längenrekord im Spucken inne.

Ja, was war das vor einem Jahr in dieser Klasse doch für eine ausgefallene Mode, welche der gute alte Raimond, unser Französischlehrer, zum Ausbruch brachte. Der hat nämlich die eigenartige Gewohnheit oder das Bedürfnis, während jeder Stunde ein- bis zweimal zum Fenster hinauszuspucken, dieser liebe Mensch. Das war ihm so in Fleisch und Blut übergegangen, dass er das Fenster öffnen konnte, ohne überhaupt hinzublicken, und das wurde ihm leider zum Verhängnis.

Ausgerechnet am Elterntag im letzten Herbst!

Ja, dieser Elterntag: Das ist jene blöde Einrichtung, wo alle Eltern in die Schule kommen, um zu sehen, wie ihre Früchtchen glänzen. Auf diese Gelegenheit hin verändern die Lehrer ihren Charakter in unangenehmster Weise: Sie werden ausnehmend freundlich, lächeln uns, wenn sie uns zur Tafel rufen, aufmunternd zu, als wären wir alte Kameraden und meinen, sie müssen uns Mut einflössen, den sie selber weit nötiger haben als wir, denn die meisten von ihnen haben während ihrer Stunde Schweiss auf Stirn und Nase. Ueberhaupt ist das ein ekelhafter Tag, weil man das Sonntagskleid am heiterhellen Werktag überstülpen muss, jenes Kleid, welches bekanntlich die Flecken aus weitem Umkreis anzieht.

Wenn einem Lehrer etwas schief ging, so hatten wir unsere Freude dran, mit Ausnahme des Raimond, für welchen wir jedesmal zitterten und bangten, weil er in seiner Zerstreutheit Dinge tut, welche den Eltern missfallen.

Ausgerechnet an jenem letzten Elterntag musste ihm etwas Peinliches widerfahren:

Zwei Nächte zuvor war der erste Reif gefallen, und der Abwart hatte die Vorfenster angehängt. Raimonds Stunde begann ganz normal, aber während er auf den Subjonctif zu sprechen kam, vergass er sich immer mal wieder, schritt rückwärts auf das Fenster zu, öffnete es in gewohnter Weise und spuckte hinaus, freilich nur ans Vorfenster, und wieder einmal kam es ans Licht, wer keine Erziehung hat, die Erwachsenen oder wir. Uns tat er leid bis in die Seele hinein, als er verwirrt mit dem Nastuch die Scheibe putzte. Aber die Eltern hinten an der Wand kicherten drauflos, und jedes Kichern ging uns wie ein Stich durchs Herz.

Seit damals fingen wir alle an zu spucken. Wer am weitesten konnte, war Sieger, und der Osterwalder hielt den absoluten Rekord: Er konnte über die ganze Nägeligasse, denn er besass eine geeignete Zahnlücke, die von jener Affäre im Lift des Kaiser & Co. stammt, doch das gehört nicht hierher.

Auch den Höhenrekord hatte Osterwalder inne. Bei Seiferles Haus brachte er es bis zum Dachkänel hinauf, während wir trotz häufigster Versuche nur immer die Fassade trafen, bis sie ganz gesprenkelt war und der Seiferle wütend herauskam und uns anschrie, sein Haus sei doch kein Spucknapf.

Item, über das hochgezogene Bein des Osterwalder gelangten der Wrigley und ich unter furchtbaren Mühsalen bis zur Zeltwand. Wir krochen drunter durch.

Vorne beim Lagerfeuer hielt der Nöbes Wache und merkte nichts. Erst draussen kam mir in den Sinn, dass ich das Paket mit den Kuhfladen vergessen hatte, und ich dachte eben an die Mühsal einer nochmaligen Rückkehr, als es mir der Eduard grinsend vor die Nase hielt. Er hatte im letzten Augenblick daran gedacht und es mitlaufen lassen.

Wenn ich mich nicht irre, weiss der Leser noch gar nicht, um was es sich handelt. Am letzten Nachmittag kam dem Wrigley plötzlich in den Sinn, dass auch in diesem Fall eine Rache ohne Zinsen fehl am Platz sei, und er kam auf die Idee, dem Tutti oben ins Köfferchen als persönliche Beigabe einige Kuhfladen zu legen.

Hier im Tessin waren die wenigen Kuhpflütter, die sich fanden, ganz anders als im Emmental. Dort sind sie viel grobkörniger, während sie im Tessin nach der Qualität des hiesigen Grases feiner und rezenter ausfallen.

Wir wurden über die Matten ausgesandt und brachten eine grosse Quantität zurück, aber der Wrigley war wählerisch: Er wollte nur ganz frische, saftige Ware, die dem Köfferchen das geeignetste Aroma verliehen, und so schieden die meisten bis auf drei Prachtsexemplare aus, die wir einstweilen geruchsicher in Butterpapier einwickelten und vorderhand im Zelt verbargen.

Wir kamen in der Dunkelheit bis zur Abfallgrube. Dort öffneten wir Tuttis Köfferchen und legten unser Angebinde oben drauf. Dann versenkten wir nach einer Minute des Schweigens den Koffer und harrten aus, bis das Gurgeln des Wassers verstummte. Schliesslich pflanzte der Wrigley noch den Stecken auf, den er während unserer Suche am Nachmittag vorbereitet hatte, indem er ihn mit einem Plakätchen versah, auf welchem zu lesen war: «Hier ruht im Frieden ein Köfferchen.

Auf Grund gefahren am Freitag, den 3. Mai.»

Hierauf schlichen wir wieder zum Zelt zurück, und bald schlief der Wrigley neben mir wonnig ein: Nach vollzogener Rache hatte seine Seele Ruhe gefunden.

Lieber Leser, kannst du erraten, wie diese Geschichte zu Ende ging? – Nein, das kannst du nicht!

Denn stell dir vor:

Am andern Morgen war das Köfferchen des Wrigley nirgendsmehr zu finden!

Der heilige Franz

Darf ich eine Frage ans Gewissen stellen: Hat jemand unsere Geschichte bis hier lesen können, ohne zu weinen? Ist sie nicht tragisch? Musste sie nicht zwangsläufig dem Wrigley das Herz verbittern?

Denn darf ich einmal bitten, nachzufühlen, was das am andern Morgen für ein Erwachen war, als es im Zelt drin mählich hell und heller wurde und er seine Augen als Erster aufschlug, nur um sie sogleich wieder zu schliessen und sich geniesserisch auszumalen, welche Mienen der Tutti schneiden werde, wenn er sein Manko bemerkt, wenn er zu suchen beginnt und den Wrigley frägt, ob er wisse wo sein Koffer sei, denn er bedürfe seiner. Die Antwort hatte Wrigley schon jetzt bereit, und er drehte sie in der Stille des Morgens zum viertenmal im Munde.

Also würde er zum Tutti sprechen:

«Lieber Freund, die Obhut über dein Besitztum ist meine Sache nicht.»

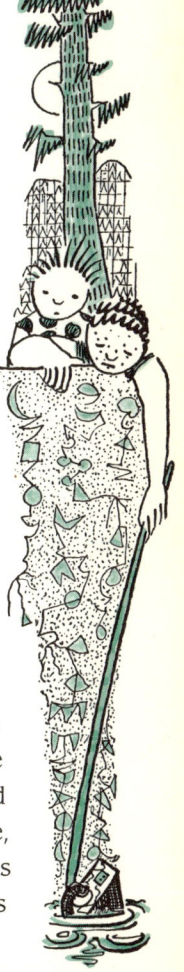

Aber welche Wendung brachte dieser Morgen, als der Wrigley sich als erster erhob, um seine Turnhosen aus dem Köfferchen zu graben, aber vor seinem Fussende nur eine Lücke klaffen sah. Zuerst kämpfte er tapfer einen naheliegenden Gedanken nieder, doch dann erhob sich auch der Tutti, machte sich hinter *sein* Köfferchen, nahm die Uhr heraus und alsbald eine Tafel Schokolade, roch daran und sagte, ah, das sei Suchard, worauf er ein frisches Hemd aus den unteren Schichten zog: Wie tue es doch gut, des morgens in frischem Hemd zum Zelt hinaus, und das tat und sagte er im Angesicht des Wrigley, der erschrocken und ahnungsvoll zum Schweigen verdammt war.

Lieber Leser, hole du einmal des Nachts, wenn eventuelle Zeugen die Augen geschlossen haben, deinen Koffer zum zweiten Mal aus der Tiefe einer Abfallgrube, den Koffer, den du mit selbsteigener Hand zuvor versenktest, dann wird dich der Ausspruch des Wrigley kaum noch wunder nehmen, den er am folgenden Morgen tat:

Er habe während der letzten vierundzwanzig Stunden um mindestens zehn Jahre gealtert.

Sein Zustand wurde denn auch so besorgniserregend, dass ich ihm ein Inserat zeigte, das ich auf der Latrine in der Allgemeinen Volkszeitung gefunden hatte:

«Omars Traubenkur verjüngt Ihr Nervensystem.» Doch der Wrigley liess es unbeachtet fahren und sagte, nur der Tod könne ihm noch helfen.

In kürzester Zeit veränderte er sein ganzes Wesen.

Wenn er im Lager herumging, so haftete sein Blick auf weiten Fernen, und sein Gesicht war eine Duldermiene, und wenn ihn der Führer fragte, was in ihm vorgegangen sei, so blickte er erst ergeben zum Himmel, seufzte dann und sagte:

«Lieber Freund! Jeder Mensch hat seine Last zu tragen, und so will auch ich nicht klagen.»

Und dann ging er versonnen an den See und setzte sich auf einen Felsen. Er sagte, es sei beruhigend, den Blick in die Fluten zu vertiefen, und am Abend ging er vors Zelt hinaus und sah zu den Sternen empor: Auch dieses – so vertraute er uns an – verleihe der Seele ihren Frieden: Unter dem unendlichen Himmelsraum werden die menschlichen Sorgen klein; und als er nach Hause schrieb, bestellte er zwei Bände Goethe.

Oft wollte ich den Wrigley aufmuntern, aber wenn ich tröstend zu ihm sprach, dann sah er mich bedauernd an und sagte:

«Sieh Eugen, in jedem Menschenleben kommt einmal eine Wendung, und wer vom Schicksal schwer geprüft ist, der soll sich nicht auflehnen, wohl aber sonder Groll annehmen, was ihm zugeteilt ist.»

So veränderte sich sein Charakter in erschreckendem Ausmass. Nach drei Tagen schon sagte er, er werde jetzt ein neues Leben beginnen; und richtig, er wurde ganz komisch: Fleisch ass er keines mehr, und seine Fischrute, die er mit mir verfertigt hatte, zerbrach er über dem Knie, wobei er etwas von «Leben und Lebenlassen» murmelte, und: Fischen sei eine Sünde.

Der Wrigley hörte auf, im Versteckten zu rauchen, vom Schiggen gar nicht zu reden, und als er am Weg hinter dem Wäldchen einen Spatz fand, der einen Flügel hangen liess, holte er im Samariterzelt Watte, bettete ihn in ein Nest und pflegte ihn nicht nur, sondern hielt Nachtwache: Solches seien wir der seufzenden Kreatur schuldig, so drückte er sich aus.

Überhaupt, was das Ausdrücken anbetrifft, so liess er uns in dieser Zeit auf unsere Rechnung kommen: Alles was er je gelesen hatte, flocht er nun mit Schmalz in seine Rede ein, und gelesen hatte er viel, nämlich jeden Abend daheim unter der Bettdecke beim Licht der elektrischen Bettflasche – damit der Vater ihn nicht erwischte. Er frass sämtliche Bücher, welche er der Köchin abluchsen konnte, und noch viel anderes dazu.

Die Sache mit dem Spatz brachte ihn schliesslich auf die entscheidende Idee: Am vierten Abend, als der Mond so schien, da sagte er, er habe Lust, mit mir zu wandeln. Er wolle mit mir bis an den Bach. Dort habe es einen moosichten Stein, auf dem sei gut ruhen, sagte das Kalb.

Dort am Bach fing er nach einer feierlichen Einleitung wieder mit dem Spatz an: Es sei des Menschen heerste Pflicht, für die Tierwelt einzustehen. Der Franz von Assisi, welcher eine ganz berühmte Grösse gewesen sei, habe das auch getan, und er habe sich wie kein anderer auf dieses Fach verstanden.

Von nun an wolle er werden wie der Franz von Assisi: Ganz einsam, fern von aller Menschenunrast, nur den gestirnten Himmel über sich und das morahlische Prinzip in sich. Er wolle den

schnöden Menschen die Gefolgschaft aufkünden, und mich erwähle er zu seinem Gefährten in die Abgeschiedenheit.
Er habe drei Programmpunkte:
Erstens Armut, zweitens Einsamkeit, drittens Hilfsbereitschaft gegen die Tiere.
«Morgen wollen wir beginnen.»
Ich entgegnete ihm, das gehe nicht, denn wir seien doch im Lager und könnten nicht mir nichts dir nichts verschwinden, aber da meinte der Wrigley, die Menschheit habe seine Treue nur mit Untreue vergolten, und es geschehe ihr nur nach Billigkeit, wenn wir von ihr liessen.
Aber – so fuhr ich fort – das sei doch nicht interessant, so einsam!
«O Eugen, du kennst nicht den Reichtum der Stille, und überhaupt, wenn du nicht kommst, muss ich dir den Garaus machen.»
So schloss er denn mit mir einen ewigen Bund, und ich musste schwören, fürderhin ganz arm zu bleiben, ganz einsam und ganz hilfreich gegen alle Tiere der Schöpfung.
Der Wrigley verkündigte hierauf mit feierlicher Stimme, von jetzt an heisse er nur noch Franz der Zweite von Assisi, und auch mir gab er einen Namen, einen sehr befremdlichen, nämlich Santscho der Zweite von Pansa, und als ich fragte wer das sei, da nannte er mich eine wandelnde Bildungslücke: Das wisse doch jeder Zweitklässler, dass der Begleiter des heiligen Franz Santscho Pansa geheissen habe.
Wir schlossen unsere Sitzung mit der Verabredung, am nächsten Mittag aus dem Lager auszureissen, um fortan Einsiedler zu werden.
Die Tenero-Gegend eignete sich gut zu diesem Zweck, weil die Magadinoebene viele Sümpfe und verlassenes Land aufweist.
Ich wollte am Abend vorher noch meine Sachen packen, aber der Wrigley verbot es mir: Armut sei jetzt unsere Tugend, und ich müsse alles zurücklassen: Gut, Ehr, Kind und Weib.
So wanderten wir denn am folgenden Tag ohne allen Ballast in unser neues Leben.

Wir liefen bis zu einem Halbinselchen am Fluss, wo es lauter Büsche und sonst nichts gab. Kaum waren wir dort, ergriff mich der Schreck: Weder Kochkessel noch Zündhölzchen standen uns mehr zur Verfügung. Aber Franz der Zweite fand das ganz in Ordnung:
Unsere Speise sei von jetzt an wilder Honig und Heuschrecken.
«Heuschrecken?»
Jawohl, Heuschrecken. – Als ich das nun doch etwas verschroben fand, da behauptete er, nach eben diesem Rezept haben andere vor uns auch gelebt, welche an ihrem kleinen Finger mehr Grütz gehabt haben, als ich an der ganzen Hand, und es stehe mir nicht an, solche Vorgänger zu belehren.
«Aber Wrigley – pardon – Franz! jetzt haben wir doch geschworen, kein Tier zu töten! Gegen den Honig will ich nichts sagen, aber das mit den Heuschrecken geht gegen unser Gelübde!»
«Santscho! Rede du nicht in Sachen hinein, von denen du nichts verstehst! Erstens sind Heuschrecken keine rechten Tiere, und zweitens töten wir sie nicht. Wir essen sie lebendig.»
Auf solche Rede hin schwante mir nichts Gutes, aber weil es da nichts zu erwidern gab, schwieg ich und half mit, eine Art Laubhütte zu bauen.
Der Wrigley war eine Zeitlang sehr unwirsch. Er fühle sich auch jetzt noch unverstanden. Aber auch ich war nicht eben gut zu sprechen, denn wegen jeder Kleinigkeit gab es Trübungen unseres Verhältnisses.
Was konnte ich zum Beispiel dafür, dass es in der Magadinoebene Mücken gibt. Wenn ich eine erschlug, dann nannte er mich einen Kanibalen und mahnte mich an meinen Eid. – Tat er aber das gleiche, so war das etwas ganz anderes, und konnte er jedesmal nichts dafür: Das sei eine Reflexbewegung, und was nicht wissentlich geschehe, sei kein Mord. Immerhin, so lenkte er ein, er werde auch diese Zuckungen noch beherrschen lernen, und ich solle bitte nicht so ungeduldig tun.
Zu diesem Zweck beschloss er, mit mir zu trainieren, führte mich

an einen Tümpel, und dort sollte ich mit ihm zusammen ganze Schwärme saugen lassen: Das sei im Sinne des heiligen Franz. Während dieser halben Stunde begann ich zu erkennen, dass dieser Franz von Assisi ein verschrobener Sonderling gewesen war. Aber diese Erkenntnis behielt ich wohlweislich für mich.

Gegen Abend bekamen wir Hunger, und der Wrigley schickte mich aus, wilden Honig zu sammeln. Das sei ganz einfach: Ich solle nur auf die hohlen Baumstämme achten. Dort gebe es massenhaft.

Er selber begab sich auf die Heuschreckenjagd.

Wie lange ich nach hohlen Baumstämmen fahndete, weiss ich nicht. Nur das weiss ich, dass es in selber Gegend keine solchen hat, und so kam ich denn mit leeren Händen ins Lager zurück, zum grossen Spotte Franz des Zweiten, der zwei Dutzend extra fette Heuschrecken gefangen hatte.

Der Spott verging ihm aber, als es ans Essen ging.

Ich schützte eine leichte Leberblähung vor und überliess ihm die ganze Mahlzeit. Ich denke, er würde anders gehandelt haben, hätte er sich nicht unter meiner Kontrolle gefühlt. Am Anfang brummelte auch er von zu viel Magensäure und Sodbrennen, aber als er in mein erheitertes Antlitz sah, nahm er eines der kleinen Exemplare zur Hand und schob es nach drei Anläufen in den Mund, freilich, um es augenblicklich wieder herauszuspeien, als es ihn auf der Zunge kitzelte.

Franz der Zweite gab es auf, aber nur deshalb, weil kein Honig zur Hand sei, denn trocken rutschen Heuschrecken schlecht hinab, und er sei sicher: Hätte Franz von Assisi diese Speise nicht mit Honig anrichten können, so wäre auch er nicht lange bei solcher Diät geblieben.

So wurden denn der geplante Speisezettel bis zum ersten Honigfund aufgeschoben, und uns blieb nichts anderes übrig, als nachts ins Lager zurückzuschleichen, um ein wenig Brot und sonst etwas aus der Küche zu mausen.

Wir fürchteten nicht wenig, erwischt zu werden, aber zu unserer

grossen Freude brannte kein Wachtfeuer, und das Lager war verlassen: Offenbar war der Trupp auf einer Nachtübung.
Mit dem ersten Programmpunkt war es also einstweilen Essig. Aber auch mit Nummer zwei happerte es am nächsten Tag. – Am Morgen nämlich bemerkte der zweite Franz, dass ich immer noch mein Portemonnaie bei mir trug. Er wurde hierauf ernst und ermahnte mich zu strikter Armut. Ich musste also auf die Geldkatze verzichten, was mir nicht weiter schwer fiel, denn auch der Inhalt fiel nicht allzu schwer. Ohne weiteres wollte ich mein Hab und Gut in den Bach werfen, aber der Franz fiel mir in den Arm:
Er habe eine treffliche Idee, denn mit diesem Portemonnaie könnten wir sogleich beginnen, hilfreich zu sein. Er lief mit mir flussabwärts, eine halbe Stunde weit, bis zu einem dürftigen Haus, wo man ein kleines Mädchen auf der hinteren Treppe sitzen sah. Wir traten hinzu, und der Wrigley sprach mit seinem Italienisch nach der Naturmethode einige sehr freundliche Worte zu ihm, und dann überreichte er ihm meine Geldkatze. Das Mädchen sah uns mehr als verdutzt an, und sicher hätte der Wrigley weiter mit ihr gesprochen, wäre sein Italienisch nicht erschöpft gewesen.
So blieb uns nichts anderes übrig, als noch einmal freundlich zu nicken und uns hierauf zu entfernen. Ich ging hinter Franz dem Zweiten den Feldweg entlang, und beobachtete sein hohles Kreuz, während er freudig sagte, das tue doch wohl in der Brust, eine solch gute Tat. Es sei nicht auszudenken, wie erstaunt der alte Vater sein werde, wenn er heim komme und den Segen sehen werde.
Weiter kam er nicht, denn vom Hause her hörte man jämmerliches Kindsgebrüll. Offenbar war das Mädchen die Treppe hinuntergefallen, und weil Franz der Zweite eine neue Guttat roch, eilten wir zum Haus zurück, hilfreich wie wir waren.
Wir kamen eben hinzu, um Zeugen zu werden, wie ein Mann das Mädchen verdrosch, weil er, wie wir bald merkten, der Meinung war, es habe die Börse gestohlen.
Wir gingen auf ihn zu und wollten ihn aufklären, wurden aber sel-

ber handlich aufgeklärt: Der Wrigley mit einer Ohrfeige, ich mit einem Fusstritt.

Nach diesem Erlebnis wollte der Wrigley mit Menschen nie mehr etwas zu tun haben, und er wandte sich hilfreich der Tierwelt zu. So kam es denn zur misslichen Angelegenheit mit Programmpunkt Nummer drei, hilfreich kranke Tierlein aufzunehmen und zu pflegen.

Ich wurde ausgesandt, alle verletzten Zwei- und Vierbeiner der Umgebung einzusammeln und sie in seine Obhut zu bringen. Er, Franz, mache inzwischen ein Lazarett bereit.

Den ganzen Nachmittag war ich unterwegs, aber es ging mir mit den Tieren wie gestern mit den Baumstämmen: In der

ganzen Gegend nicht ein einziges Stück, das auf unsere Hilfe wartete.
Meine Rückkehr in die Einsiedelei vollzog sich unter Sorgen.
Und richtig, der Wrigley sagte, ich sei doch eine Niete. An mir habe er gar keine Stütze. Das beste werde sein, er gehe selbst.
Er ging.
Als er nach langer Zeit zurückkehrte, war seine Beute recht eigenartig: Eine Handvoll Federn. Mit Triumpf im Gesicht sagte er, wenn er nur ein paar Stunden früher gekommen wäre, so hätte er einen Specht den Klauen eines Geiers entreissen können.
Das war indessen ein recht billiger Trost, denn eine Handvoll Federn waren für unser Lazarett nicht genug der Insassen.
Wir setzten uns, und als ich ihm eben sehr leise meinen Spott zu spüren geben wollte, sagte er, ich täte besser, ihm beim Erfinden einer Idee zu helfen, die uns der Verlegenheit enthebe.
Nach einer guten Weile erhellte sich sein Angesicht, und die nötige Idee zeichnete sich darin ab. Wieder einmal so eine rechte, verzweifelte Wrigley-Idee!
Ohne mich einer Erklärung zu würdigen, machte er die Hosen auf, entnahm den Unterhosen eine Sicherheitsnadel und machte sich an eine unklare Arbeit: Aus der Tasche holte er eine Schnur und knüpfte die offene Sicherheitsnadel daran.
So, jetzt sei das Problem gelöst.
«Auf welche Weise?» fragte ich.
Ob ich es nicht merke? – Das sei doch kindereinfach. Er fabriziere eine Fischrute.
Ich fand das etwas eigenartig, denn erst vorhin war er noch tierliebend gewesen, und nun schlug er derart ins Gegenteil um. Ich machte ihm aus meiner Verwunderung kein Hehl.
«Ach Santscho, du bist und bleibst ein Amateur! Ich bin ja just dabei, unser Gelübde zu erfüllen!»
«Aber Franz, dann solltest du jetzt nicht noch fischen gehen.»
«Eugen, pardon, Santscho Pansa! strenge deine Denkerstirne an! Um das Gelübde zu halten, will ich fischen!»

Noch immer begriff ich nichts, und mit einem Kopfschütteln, wie es der Lehrer nach einer miserablen Probe tut, erklärte mir der heilige Franz:

«Bitte, Santscho, passe jetzt einmal so gut auf, als es dir dein Hirn erlaubt: Was meinst du, tut das einem Fisch wohl, wenn man ihn an der Angel hat?»

«Nein, natürlich nicht.»

«Na also. Zweitens: Tut es einem Fisch wohl oder nicht, wenn man ihn von der Angel befreit und ihn im Wasser schwimmen lässt?»

«Natürlich tut es ihm wohl.»

«Na also! Gesetzt der Fall, ich gehe jetzt fischen und nehme dann den Fisch von der Angel ab und gebe ihn dem Bach zurück: Habe ich dem Fisch dann geholfen oder nicht, he?»

Ich gab mich geschlagen, und so retteten wir auf diese Weise drei Gründlingen das Leben.

Und doch war das nicht das Richtige. Das fühlte auch Franz der Zweite, und am Abend besprachen wir die Sache im Wigwam. Als ich endlich damit fertig herausrückte, der richtige Franz von Assisi sei meiner Ansicht nach ein Blödian gewesen, blieb der Wrigley zu meiner Verwunderung eine ganze Weile still, und erst nach einem tiefen Seufzer ergriff er das Wort:

Der Franz von Assisi sei schon recht gewesen. Aber er habe Glück gehabt. In Assisi gebe es vermutlich viel mehr hilfsbedürftige Tiere und mehr wilden Honig, und vielleicht habe es dort auch schmackhaftere Heuschreckensorten als hier. Dort sei das ganze also keine Kunst: Wenn man auf Schritt und Tritt über seufzende Kreaturen stolpere und, wo man auch absitze, von wildem Honig klebrige Hosen bekomme, so sei es leicht, ein heiliger Franz zu sein. Hier in der Magadinoebene aber habe die Sache eine Nase, und das hätten wir nun erfahren.

Das sagte er, aber noch wollte er daraus keine Folgerungen

ziehen, und ich hütete mich, ihm etwas einzuflüstern, denn was ihm nicht selbst in den Sinn kommt, lehnt er ab.

Aber auch er musste schon lange bemerkt haben, dass die Einsiedlerei aus dem Leim ging: Immer öfter nannte er mich Eugen und ich ihn Wrigley, und wir dachten beide im geheimen an Eduard und an den Bäschteli und an den Sikki. Wir dachten an den Patrouillenlauf vom nächsten Samstag, denn der Wrigley fragte einmal ganz unvermittelt, was wohl die Nieten ohne ihn ausrichten wollten. Immer holder wurde uns das Lagerleben, besonders als wir gegen Ende der Nacht zu frieren begannen und zu allem Ueberfluss ein leiser Regen niederfiel.

Am Morgen war der Wrigley zeitig auf den Beinen und machte einen Spaziergang ganz für sich. Als er zurückkam, schlug er mir vor, wir wollten doch einmal ins Lager gehen, nur so für eine halbe Stunde, um zu sehen, wie mühsam das frühere Leben doch gewesen sei, als man noch wie Sardinen beieinanderlag. So sprach er, aber sowohl er wie ich wussten ohne weitere Worte, dass Franz der Zweite von Assisi für immer gestorben war.

Das Oxyd

Den schmalen Weg am Seeufer entlang machten wir uns schweigend zum Lager zurück, und ich glaube nachträglich, das war ein Fehler. Denn kaum kamen wir in die Nähe jenes Schilfsumpfes, noch eine Viertelstunde vom Lagerplatz entfernt, da begegneten uns auf der Kreuzung des Strässchens zwei aufgeregte Männer mit langen Stangen, die auf eines der drei Bootshäuschen zueilten, welche bisher leider ununterbrochen zugesperrt waren. Von ihnen vernahmen wir die furchtbare Neuigkeit, dass seit Tagen in unserem Lager zwei Knaben vermisst wurden, die vermutlich beim Baden ertrunken waren: Halb Tenero suchte seit gestern in Booten die Ufer und den Seegrund ab.

Ohne lange nachzudenken kannten wir die Namen der zwei Leichen und wurden vor Schreck gelähmt. Der Wrigley zitterte am ganzen Leib: Die einzigen Nichtschwimmer im Lager waren der Bübu und der Sikki. Das war ganz schrecklich. Vom Sikki sagte man bei Lebzeiten, wenn er daheim in die Badewanne steige, so lege er einen Kork an, und waschen tue er sich nur im Taucherhelm. Vor lauter Wasserfurcht war er stets so dreckig, dass einst seine Eltern, als sie ihm gewaltsam das Gesicht wuschen, erst nach fünf Minuten merkten, dass es der Hinterkopf war.

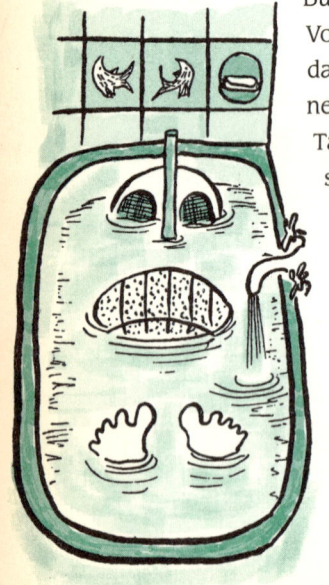

Und der Bübu war ein Fall für sich: Der konnte schwimmen wie ein Fischotter, aber nur unter Wasser. Jedesmal, wenn er den Kopf an die Oberfläche streckte, ertrank er augenblicklich, und man musste ihn retten. Schon einmal hatte ihn der berüchtigte Schwimmlehrer, der Plänes, verloren geglaubt, als der Bübu mit dem Strohhalm einer Milchflasche im Mund bei trübem Wasser unter das Brücklein tauchte, und nur so weit heraufkam, bis er durch das Röhrchen Luft bekam.

Ausser diesen Beiden gab es im Lager nur hervorragende Schwimmer, und deshalb waren die Namen der Ertrunkenen für uns schnell gefunden. Wir fingen an, ehrlich zu trauern, und wir eilten den beiden Männern und ihren Stangen nach, stiegen mit ihnen ins Schiff, um ihnen zu helfen und wussten bei allem nicht, wo uns der Kopf stand. Wir ruderten im Schilf herum, und die Männer fingen an, mit ihren Stangen nach den Leichen zu stochern, während der Wrigley düstere Reden hielt:

Jetzt sei Freund Sikki nicht mehr! Ja, ja, damals, bevor wir als Franz von Assisi von dannen zogen, habe er so einen tragischen Zug an den Lippen gehabt, so etwas engelhaft reines. Das falle ihm erst jetzt auf. Ein edler Geist sei auf der Walstatt geblieben, ein Opfer der modernen Zivilisation.

An uns sei es jetzt, das Erbe des Erblassten anzutreten und sein Banner hochzuhalten. Nie werde er den Sikki vergessen können, und ewig bleibe er ihm für das verbunden, was sein Wesen ausgestrahlt habe. –

So ging es weiter: Sikki war ein Held, Bübu ein Heros, und am Ende verstand ich den Wrigley nicht mehr: Was anderes hatte er bei Lebzeiten mit dem Sikki gehabt als Spott und Streit, weil dieser Knabe – ausser im Handball – sogar dem Wrigley zu faul und lau war. Noch mehr aber erstaunte mich die Rede, welche der Bübu bekam:

Gewiss sei Freund Bübu mutig schwimmen gegangen und aus Versehen aufgetaucht. Ja, Bübu gleiche dem Falter, der sich in die Flamme stürzt in letztem, sehnsuchtsvollem Flug, dass zwar die Schwingen loderten und der Leib vergilbte, aber er verwandle sich nun zu einem höheren Sein. –

So sprach der Wrigley heute, und noch vor vier Tagen hatte er ihm einen vaterländischen Sennenkuss verabreicht, so dass er über die Zeltschnur flog, weil der Bübu die schlechte Gewohnheit hat, seine Schuhe mit Fischtran einzuschmieren und sie dann an die Zeltwand nahe beim Kopfkissen des Wrigley zu stellen.

Schweigend ruderten wir kreuz und quer dem Ufer entlang, während in uns zugleich die Hoffnung und die Angst wüteten, die Ertrunkenen aufzufinden.

Die Männer stocherten sich müde, und ab und zu sah man in der Ferne durch das Schilf andere Schiffe bei der gleichen traurigen Arbeit.

Es wurde Abend, als die Männer beschlossen, die Suchaktion bis morgen einzustellen. Aber kaum hatten sie die Stangen ins Boot gelegt, geschah etwas Unerhörtes:

Keine dreissig Meter von uns entfernt tauchte plötzlich ein Schiff auf, und neben zwei Männern standen aufrecht – – der Sikki und der Bübu!

Gerettet!

Wir stiessen einen Freudenschrei aus, griffen in die Ruder, und ein paar Augenblicke später hatten wir nach einem Sprung in den anderen Kahn den Sikki und den Bübu ganz gegen unsere sonstigen Gewohnheiten umarmt.

Das war der schönste Augenblick meines ganzen Lebens.

Freilich, mit den Augenblicken ist es eine merkwürdige Sache: Manchmal hören sie sehr bald wieder auf; besonders in diesem Fall: Während ich den Bübu und der Wrigley den Sikki umarmte, merkten wir bald einmal, dass

auch sie uns an sich drückten, uns tätschelten, – und, o Wunder, über *unsere* Rettung jubilierten! Es war mehr als peinlich, zu erkennen, wie statt zweien vier Gerettete im selben Boote standen, und wir starrten einander sprachlos an, bis sich das Wunder auf höchst leidige Weise klärte:
Nicht der Bübu und der Sikki wurden im Lager vermisst, sondern der Wrigley und ich!
Daran hatten wir nicht gedacht! Und so war nach kurzer Frist statt einer Fülle von Wiedersehensfreude eine arge Misstimmung an Bord. Warum wir ohne Meldung fortgegangen seien? – Warum wir nicht zum mindesten sie beide mitgenommen haben? Und was derlei grobe Fragen mehr sind. Sie warfen uns vor, man habe unseretwegen keine ruhige Nacht mehr gehabt, und das Lager sei aus den Fugen geraten, denn während der ganzen Zeit, wo wir für immer der Welt den Abschied gegeben hatten, war man hinter uns her. Darum also jene Stille damals nachts im Lager.
Auch die vier Männer mischten sich ein. Sie hatten einen Tag lang Schwerarbeit geleistet und gaben uns deshalb ihre Fäuste zu riechen. Aber das war nur der Anfang, denn kurz darauf brach das gesamte Schicksal, welches es in jener Gegend hat, über unseren Häuptern zusammen:
Denn während all der Drohreden hatten die Boote beim Lagerplatz angelegt. Der Führer kam gerannt. Auch er umarmte uns zuerst und tätschelte unsere Backen, bis er nach und nach sein schlechteres Ich entdeckte. Er begann uns auszufragen, und während wir ihm erzählten, welch edle Taten wir im Sinn gehabt hatten, umwölkte sich sein Blick, und am Ende erklärte er rund heraus, wir seien zwei Schandflecke. Schon lange bedeuten wir ihm nicht eine Lust, sondern eine Last, und solche Knaben begehre er nicht mehr im Lager. Höchstens noch einmal stelle er Gnade vor Recht.
Wir wissen seither, dass vier hartgebrannte Spaghettikessel für unseren Führer Gnade bedeuten, denn anderntags, als sie mit

viel Geschrei rund um den Lagerplatz «Kleines Möpschen, grosses Möpschen» spielten, wachte ausgerechnet der Tutti beim See über uns, wie wir mit Pickel und Hammer die Kochkessel reinigten. Ungefähr so stelle ich mir die tägliche Arbeit in der Hölle vor, denn putze du, lieber Leser, einmal mit dem Messer die granitharte Kruste ab und höre dabei selber zu, wie es Töne gibt, die der ganzen Seele schaden. Waren dann unsere Rücken krumm und unser ganzes Innenleben verstümmelt, dann kam der Führer mit einem schiefen Lächeln und sagte:
«O ihr Knaben, ich wüsste euch zur Abwechslung eine schmackhafte Beschäftigung!» Und er schickte uns unter Aufsicht zur Latrine, um sie zu putzen und mit einem grauslichen Pulver zu bestreuen.
Wandten wir uns dann einen Augenblick mit Ekel ab, siehe, so stand wieder der Führer da und flötete, Kartoffelschälen sei viel gesünder für uns, und wir konnten uns für diese Zumutung nur damit rächen, dass wir vorher die Hände nicht wuschen. – Hoben wir nach anderthalb Stunden, wenn der Tutti zufällig einmal den Rücken gekehrt hatte, unser Haupt: Wer naht sich uns mit dem holden Auftrag, den ganzen Lagerplatz zu wischen, weil am Vormittag die Strohsäcke neu gefüllt wurden? – Natürlich dieser Führer.
Ich kann es bestätigen: Der Wrigley und ich sprachen kaum ein Wort miteinander, aber in beiden Köpfen reifte der gleiche Entschluss, denn ein so ununterbrochenes unschuldiges Leiden wurde selbst uns zuviel.
Und warum mussten wir leiden, warum?
Nur deshalb, weil wir lebten und nicht ertrunken waren!
Was kann aber der Mensch dafür, wenn er lebt? Wir wurden traurig, und auch der Eduard und der Bäschteli waren für uns, als wir am Abend mit ihnen eine Konferenz abhielten. Wir kamen alle Vier zum Schluss, das hier in Tenero sei Sklaverei. Ueberdies besass der Bäschteli vierzehn Franken zwanzig, weil er solche Eltern hat, und auch wir andern hatten je noch mehr als fünfzig

Rappen: Der Selbständigkeit lag nichts im Weg, nachdem sich der Bäschteli bereit erklärt hatte, sein Vermögen in unsere Gemeinschaftskasse zu tun.

Wir besprachen die Angelegenheit inbrünstig, bis wir heisse Köpfe bekamen und nicht schlafen konnten, und der ganze nächste Tag war von Vorbereitungen sehr in Anspruch genommen: Rucksäcke und Köfferchen mussten insgeheim bereitgemacht werden, die Velos in Griffnähe stehen, ohne dass es auffiel, und endlich schrieben wir dem Führer einen sehr schönen Abschiedsbrief.

Für alle diese Arbeiten wurde es höchste Zeit, denn am Morgen rief uns der Führer in sein Zelt und verkündete uns, wir Vier seien unter allem Hund. Er habe sich veranlasst gesehen, unseren Eltern zu schreiben, um sie vor uns zu warnen.

Wir wussten genau, was ein solches Schreiben zur Folge haben musste: Erstens bei uns drei eine Heimkehr wie zum jüngsten Gericht, und beim Bäschteli einen Besuch des gesamten Elternpaars, denn einen solchen Brief bekommen und mit einem Sprung ihre Cabriolimousine Richtung Gotthard besteigen, war bei denen eins.

So waren wir denn geradezu zum Handeln gedrängt, und der Plan stand fest: Keinesfalls auf dem direkten Weg nach Hause. Das hiesse nur vom Regen in die Traufe. Sondern auf grossen Umwegen und sehr langsam durch die Schweiz, bis die Eltern daheim die nötige Portion Angst bekamen, den Zorn vergassen und uns, wenn wir schliesslich doch noch kamen, mit allen ihnen zur Verfügung stehenden offenen Armen empfingen. Man kennt ja schliesslich seine Eltern, und der Wrigley sagte, es sei manchmal gut, wenn man ihnen die Liebe zu uns künstlich wecke.

Darum schrieben auch wir einen Brief. Er lautete:

«Sehr geehrter Herr Führer!

Der Entschluss fällt uns schwer, aber angesichts der Tatsache, dass wir Vier der Harmonie des Lagerlebens abträglich zu sein schienen, ziehen wir die Kronsequenzen; begangene Fehler wol-

len wir Ihnen gerne verzeihen, und im übrigen wünschen wir Ihnen eine nicht allzu düstere Zukunft.
Uns nachzuforschen wollen Sie bitte unterlassen, denn nichts kann uns von unserem Entschluss abbringen: Der Weg ist uns gezeichnet mit vorzüglicher Hochachtung.
Wrigley
Eduard
Eugen
Bäschteli.

P. S. Die Ventile eurer sämtlichen Velos werden wir auf der Hauptpost Bellinzona deponieren.»

Zu diesem P. S. sagte der Wrigley, das sei eine Kriegslist, und nach Völkerrecht sei das erlaubt.

Nach Mitternacht schlichen wir uns aus unseren Zelten davon, nachdem wir den müden Kläusen, welche alle weiterschliefen, die Schuhbändel entfernt hatten, damit ihnen die Verfolgung erschwert werde.
Ganz still wars auf dem Lagerplatz, und wenn man gegen den See hinuntersah oder an die Hänge des Verzascatals hinauf; oder wenn man sich achtete, wie auf der anderen Seite der Mond, die Wolken und der Gipfel des Tamaro miteinander spielten; und drüben war die Magadinoebene und hier das Rebgelände mit den Steinmäuerchen und drüber die alten Mauern der Häuser von Tenero, – ach, da wurde es uns schwermütig, und wir bekamen das Gefühl, eine altbekannte Heimat zu verlassen. –
Wenn nur die bösen Menschen nicht wären!
Über solchen Gedanken bestiegen wir lautlos unsere Räder. Ich hatte wieder einmal mein liebes altes Oxyd unter mir, und das tat mir wohl.
Ja, das Oxyd!
So hiess mein Velo, weil es seit langen Jahren sehr viel Rost an-

gesetzt hatte. Der Schorsch aus der Sekunda brachte dieses Wort aus der Chemie und hängte es meinem sehr guten Fahrrad an. Er verspottete mich oft und sagte, ich müsse demnächst das Velo wieder einmal frisch verrosten lassen, denn an der vorderen Gabel komme schon das blanke Metall zum Vorschein.

Dieser Spott, welcher sich auch auf andere ausdehnte, hatte mich damals sehr aufgebracht, und fast ohne meine Schuld gab es in der Folge eine Tragödie.

Das kam so:

Um dem Spott zu wehren, wollte ich mein Oxyd frisch anstreichen, aber wie meistens, scheiterte der Gedanke auch diesmal am springenden Kostenpunkt, bis mir der Wrigley mit einer seiner Ideen zu Hilfe kam.

Zu seinem Leidwesen besass der Wrigley eine Schwester, die ich in meinen Berichten bisher wahrlich nicht zu erwähnen brauchte. Diese Schwester war dummerweise einst zu einem Ball geladen.

Das nennt man eine unglückliche Verkettung von Umständen.

Denn zu diesem Ball erwarb sich die Schwester goldene Tanzschuhe, und seither stand im Schuhputzschränkchen der Familie Stalder eine kleine Flasche mit der Aufschrift:

«Egü-Goldlack für Schuhe.»

Daraufhin gab es eine zweite Verkettung: Die Schwester wurde seither lange nicht mehr eingeladen, und das Fläschchen blieb nutzlos stehen, bis ihm der Wrigley ein neues Wirkungsfeld zuwies: Mein altes Oxyd!

Wir machten uns rüstig ans Werk, und nach zwei Stunden war mein Rad nicht mehr zu erkennen. Es glänzte und glich einem fahrbaren Bombardon.

Der Wrigley hatte alles angestrichen: Sattel, Lenkstange, Schläuche und Flickzeug, und darum kam ich in den Besitz des schönsten Fahrrads nördlich der Alpen.

Bloss einen einzigen Nachteil wies es auf: Als wir Vier eine Probefahrt hinter uns hatten, merkten unsere Mütter daheim, dass wir alle goldene Hosenböden heimbrachten. Sie fragten uns, woher das komme, und der Wrigley in seiner Verlegenheit antwortete philosophisch, Handwerk habe nun einmal goldenen Boden.

Auf den Rat der Schwester klopften sie die Hosen kräftig aus – leidigerweise, während wir noch darin waren. So fing es an, und während vieler Wochen bereitete mir mein ehemaliges Oxyd Verdruss: Was man auch für Vorkehren traf – jeder, der es bestieg, erwischte Gold, und wenns regnete, hinterliess es einen goldenen Schweif – bis es nach vielen Zwischenfällen und Abreibungen am Ende wieder mein altes Oxyd war.

Seither möchte ich jedem Freunde raten: Probiert nie etwas von der Schwester aus! Denn auch jene andere Sache mit dem Parfüm hatte ein übles Ende genommen!

Das kam so:

Wrigley's hatten im Kurdistan, dem Land des sechsundvierzigsten Bandes von Karl May, einen Onkel, welcher dort eine Rosenplantage betrieb. Der schickte jener Schwester einmal eine Flasche mit

«*Fatimas Rosenessenz, 1000-fach*»

und auf dem Prospekt stand geschrieben, der Duft des Orients sei in eine Flasche gebannt und der Traum aller Frauen.

Die Wirkung war in der Tat verblüffend: Gleich nach dem Empfang strich sich Wrigleys Schwester einen Tropfen ans Ohrläppchen, und das roch so stark und unabreiblich, dass man lange Zeit befürchtete, man müsse das Ohrläppchen amputieren. Seitdem stand die Flasche zu hinterst im Apothekerschrank, bis zu jenem ganz und gar ungeahnten Verwendungszweck:

Dummerweise hatten Wrigleys eine Katze. Sie war Vaters Stolz. Er erzog sie spartanisch, wie er das nannte, und nährte sie lange Zeit redlich mit Brot, Salat und Obst. Aber nur so lange, bis sie verführt wurde!

Immer öfter verschwand sie nämlich tagelang, und wenn

sie heimkam, konnte ihr der Vater Brot einbrocken, so viel er wollte, und sie zuckte nicht mit der Wimper. Es war ganz klar, dass ihr jemand in der Nachbarschaft gemeinerweise Fleisch zu fressen gab, worauf sie zu Hause eine Kostverächterin wurde.
Den Vater machte dieser Umstand grimmig, und er erteilte uns den Auftrag, herauszubringen, wo die Fleischtöpfe Aegyptens, wie er dem sagte, standen.
Das war eher gesagt als getan!
Bis zum Dachfirst verfolgten wir sie mit Leichtigkeit. Aber nach einem Sprung über die Brandmauer entschwand sie unseren Blicken, und wenn wir uns mit Mühe hinaufgehangelt hatten, war sie verschwunden: Durch irgendeine der hundert Lukarnen machte sie sich in ein anderes Haus hinunter, und ich glaube, wir hätten ihre Fährte auf ewig verloren, wäre der Wrigley nicht auf die Idee mit der Geruchspur gekommen.
Wir brachten die Katze in einer ihrer satten Stunden in den Garten hinaus, hielten sie an den Beinen fest, und der Wrigley leerte die ganze Flasche «Fatimas Rosenessenz 1000-fach» über ihr aus, worauf wir sie durchnässt laufen liessen.
Die Geruchspur wirkte – aber ganz anders, als wir meinten!
Allüberall roch es nach Fatima, im Haus und auf der Strasse, und noch kein Tag war vergangen, da war das ganze Quartier eine einzige Geruchspur. Das Kätzlein wurde nicht ein Traum der Frauen, sondern ein Angsttraum von uns braven Knaben, und der Duft des Orients brachte uns viel Klagen und Unbill ein, weil jeder, welcher der Katze begegnete, mindestens fünfzigfach nach Fatimas Rosenessenz roch.
Der Vater prügelte uns weich, und in der Schule wurden wir verspottet, weil man uns die Essenz auf hundert Schritte anmerkte: Für einen Knaben gibt es nichts entehrenderes, als Rosenaroma!
Das Resultat unserer ganzen Bemühungen war am Ende bloss, dass die Katze im buchstäblichen Sinn des Wortes verduftete und nie mehr gesehen ward.

Das lasse sich darum jeder Knabe als Warnung dienen, wenn er es in guten Treuen mit den Sachen der Schwester zu tun bekommt.

Kurz und gut: Wir bestiegen unsere Fahrräder und ich mein Oxyd und machten uns heimlich gotthardwärts davon. Alles wäre gut gegangen, aber leider kamen wir bei Tageslicht nach Bodio, dorthin, wo es immer Rauch hat. Wir sassen auf den Dorfbrunnen und assen eine Melone, welche der Eduard gemietet hatte. Am niedrigen Kirchturm, an welchem unglücklicherweise eine Leiter lehnte, schlug es halb neun, und der Wrigley stellte ganz beiläufig die Frage, was wohl geschähe, wenn man die Finger zwischen beide Zeiger hielte, bis es viertel vor ist: Ob es wohl den Finger abklemme, oder ob die Uhr stehen bleibe?

Nach heftiger Diskussion waren wir zwei zu zwei geteilter Meinung, und darum musste es der Eduard ausprobieren. Er bestieg die Leiter, und um 8 Uhr 41 kam er beim Zifferblatt an. Punkt 8 Uhr 43 sagte der Eduard, es beginne zu klemmen, und zehn Sekunden später hörte man im Turm drin ein vernehmliches «Grägg, Grägg, Grägg», woraufhin die Uhr zu schlagen anfing: Zuerst bis Mittag, das heisst, zwölfmal hintereinander.

Dann schlugs dreizehn!

Und dann regelmässig: Pang, pang, pang, in einem fort, selbst dann noch, als der Eduard seinen Finger längst wieder entklemmt hatte und heruntergekommen war.

Um zweihundertdreiundfünfzig Uhr hielten wir es für gesünder, aufzubrechen, und kurz vor dreihundert Uhr kam der Gemeinderat und verhaftete uns.

Auf dem Polizeiposten bekamen wir ein Verhör und ein Mittagessen. Der Wrigley sagt heute, es sei mindestens vierzehntausend Uhr gewesen, als sie uns endlich mit einem Rüffel losliessen. Wäre auf unserer Weiterfahrt nicht die blöde Sache mit den Hühnern in Lavorgo gewesen, ich glaube, wir hätten selbigen Tages noch den Gotthard erreicht.

Das kam so: Die Strasse hatte begonnen zu steigen, und mit dem

Rücktritt des Bäschteli war etwas nicht mehr in Ordnung. Er klagte unter Schweiss, sein Fahrrad bremse jedesmal, wenns einen Abhang hinaufgehe; aber da grinste der Wrigley:
Das sei so ziemlich normal. Bei ihm selber bremse es auch, und wenn der Bäschteli klage, so fehle es nicht am Rücktritt, sondern an seiner Rasse.
Bei dieser Meinung blieb er, bis die fehlende Rasse des Bäschteli bei jedem Umgang zu quietschen begann, aber da nach einiger Zeit selbst der Wrigley feststellen musste, dass er nicht dort quietscht, wo dem Bäschteli die Rasse fehlt, sondern am Hinterrad, stiegen wir hinter Lavorgo ab und nahmen beim Wäldchen in der Nähe eines Bauernhauses den Rücktritt auseinander.
Lieber Leser! Ich kann dir seither nur raten: Hände weg von einem Rücktritt! Auseinandernehmen geht noch, aber dann zusammensetzen! – Und zu allem Technischen hinzu noch der Aerger, wenn man über den tausend und abertausend Bestandteilen kniet und feststellt, dass nichts als einige Tropfen Oel gemangelt hatte!
Man flucht ein wenig und erschrickt, denn urplötzlich springt das Kugellager heraus. Ganz von selber. Ohne Mühe.
Sechzehn Kügelchen.
Und bis du die alle im Gras gefunden hast!
Doch das ist nur der Anfang. Willst du das ganze nämlich wieder zusammensetzen, dann wirst du zwisperig bis zur Tollwut, wenn die Kügelchen immer und immer wieder herauskommen.
Nach einer halben Stunde wollte der Wrigley die kleinen Ketzerlein mit Gummilösung ein wenig an der Lagerschale befestigen, und der Bäschteli protestierte so lange, bis wir auf eine bessere Idee kamen:
Butter ist ohne allen Zweifel aus Fett gemacht, und so brauchte man die Kügelchen nur wacker mit Butter einzuschmieren, um sie an die Lagerschale zu kleben, und damit waren sie überdies hervorragend geschmiert.
Weil wir in unseren Rucksäcken noch ein Restlein Butter wuss-

ten, waren die Kügelchen sehr bald behandelt, und alles wäre gut gekommen, wenn nicht der Eduard mittlerweile den Kochkessel losgeschnallt, Feuer angemacht, Kartoffeln vom benachbarten Feld (Frühkartoffeln) aufgesetzt und im kritischen Augenblick geschrien hätte, sie seien lind, und wir sollten eine Pause einschalten, um unsere nervösen Hände ruhen zu lassen, wie er mit Spott im Munde sagte.

So legten wir denn die Bestandteile säuberlich auf meine Kravatte und setzten uns dreissig Meter weiter drüben an den Waldrand, und dann hörten wir uns einen der Vorträge Wrigleys an: Während des Schälens erklärte er uns, die Kartoffeln seien eine Erfindung des Kolumbus. Er habe sie in Amerika konstruiert, als er es entdeckte. Vor dem Kolumbus habe es noch gar keine gegeben. Da habe man in Europa nur Spaghetti mit Brombeeren und Bärenfleisch mit Honig gekannt, und Vitamine esse man erst seit Napoleon dem Dritten. Weil vorher die Vitamine noch nicht erfunden gewesen sei, haben den meisten Menschen ihre Zähne gewackelt. Die Zähne des Grossvaters von seinem Grossvater zum Beispiel haben so sehr gewackelt, dass es ihn manchmal fast überschlug: Alles nur wegen der Vitamine. Erst im Augenblick, wo der Marconi ... und so fuhr er fort mit seinem Referat. Kein Ende war abzusehen, und doch unterbrach er sich unvermittelt, liess die Kartoffel fahren, klatschte in die Hände und rief: «Tschu tschu tschu!»

Dann raste er Richtung Fahrräder davon. Als auch wir dort ankamen, sahen wir eben noch, wie das letzte von vier Hühnern das letzte von sechzehn Kügelchen von der Kravatte pickte, denn scheinbar hatte sie die Butter trotz des Stahls gereizt.

Grosse Bestürzung!

Ohne uns verabredet zu haben, dachten und taten wir alle das gleiche: Die Kügelchen sind nun in den Hühnern, und wir müssen sie wieder haben! Darum müssen wir zuerst die Hühner haben, und darum umzingelten wir sie und fingen sie nach einer guten Viertelstunde.

Ich habe schon immer eine grosse Lieblosigkeit gegen Hühner in mir getragen. Abgesehen von ihren Eiern sagen sie mir nichts, solange sie nicht in der Suppe sind. Ausserhalb gibt es nichts Unsympathischeres: Wenn man sie zum Beispiel an ihren Beinen hält, an diesen kalten, hartweichen, schlüpfrigen Beinen, ist es kaum zu glauben, dass ihr Inwendiges so gut schmeckt.
Als wir sie endlich verhaftet hatten, kam die Frage: Was nun? Jeder von uns hielt ein Biest in der Hand, und sie wehrten sich so abscheulich, dass wir sie vorerst fesseln mussten, um in Ruhe beraten zu können. Der Wrigley zog mit Kennermiene eine Schnur aus der Tasche, um die Fesselung fachmännisch und nach den Anweisungen des Karl May zu besorgen. Als sie am Boden liegend gackelten, wollte er sie in seinem Eifer knebeln, doch weil der Onkel des Bäschteli Präsident des Tierschutzvereins war, färbte er stark auf seinen schwächlichen Neffen ab, und unter seiner Fürsprache wurde beschlossen, erst einmal das Zelt aufzustellen und sie darin zu versorgen, bis wir uns draussen rätig waren.
Nach vieler Mühe begann der Kriegsrat.
Der Eduard riet zur Operation. Er wisse genau, wie man eine Narkose verabreiche, so, dass sie erst in den ewigen Jagdgründen erwachen. Als der Bäschteli im Namen der Tierwelt protestierte, beharrte der Eduard wenigstens darauf, dass wir in diesem Fall einen Volksgerichtshof bildeten, um die vier Hühner wegen Diebstahls zum Tode zu verurteilen. Aber der Bäschteli meinte, vielleicht seien diese vier Geschöpfe das einzige

117

Besitztum jenes Bauern dort, und vielleicht hänge das Leben von Frau und Kindern vom Leben dieser Hühner ab. Als der Bäschteli dann zu weinen begann und in der Verzweiflung den Eduard in die Zehe biss, gaben wir nach und suchten einen andern Weg zu unseren Kügelchen.

Der Wrigley stellte einen neuen Antrag: Er sei für Rizinus aus der Taschenapotheke. Vier zu Null stimmten wir ihm zu, und sogleich wären wir an die Ausführung gegangen, doch trat etwas dazwischen in der Person des Bauern, der den Weg herunterkam. Er zwang uns, in den Zelten Zuflucht zu nehmen, eine Decke über die Hühner zu breiten und ihnen darunter die Schnäbel zuzuklemmen, damit sie uns nicht verrieten. Derweil verhandelte der Wrigley draussen mit dem Bauern, der seine Hühner suchte, und wir zitterten drinnen um das Schicksal von Bäschtelis Rücktritt, bis der Mann sich endlich entfernte, ohne ins Zelt hereingeschaut zu haben.

Nach diesem Schrecken begannen wir mit dem Einflössen des Rizinus. Ich ahnte ja einige Schwierigkeiten, denn ich wusste, wie sehr die Mutter in solchen Fällen mit mir zu kämpfen hat. Aber mein Widerstand war gar nichts im Vergleich zu diesen Hühnern! Um keinen Preis waren sie zum Trinken zu bewegen, auch dann nicht, als der Wrigley aus einer Postkarte einen Trichter verfertigte und ihnen den von oben in den Schnabel schob: Der halbe Rizinusvorrat klebte ihnen und uns bereits an allen Körperteilen. Aber in sie hinein floss er nicht. Wir wurden nervös; die Hühner brüllten sich das Herz aus dem Leib und drohten, den Bauern noch einmal herbeizulocken. Und doch konnten wir den Rizinus nicht lassen, denn wenn wir hätten warten sollen, bis die Kügelchen von selber kamen, dann wären Tage vergangen.

Enttäuscht, und weil er nichts besseres wusste, kramte der Bäschteli von neuem in der Taschenapotheke, dieser Riesenschachtel, welche ihm sein Vater konstruiert hatte aus Angst, er gehe ohne sie an der Cholera zugrunde. Wie durch Zufall brachte er ein Blechröhrlein zum Vorschein, auf dem es hiess:

«20 Pillen Sanalepsi
gegen nervöse Störungen aller Art
und Schlaflosigkeit.»
Ach ja, richtig, das war ja ein Geschenk der Tante Melanie an den Wrigley, als wir von ihr Abschied nahmen, und weil der Wrigley alles Pülverlein- und Pillenzeug verachtet, hatte er es dem Bäschteli geschenkt. Tante Melanie isst dieses Mittel pfundweise wegen ihrer unerhörten Schlaflosigkeit. Der Wrigley aber behauptet, schlafen könne sie nur deshalb nicht, weil sie am Abend meistens vergesse, ihr Kropfband aus Samt zu lösen, und dann bekomme sie in der Nacht zu wenig Sauerstoff.

Diese Kügelchen waren die Lösung: Zuerst damit die nervösen Störungen der Biester besänftigen und dann mit Rizinus nachhelfen, das war die Methode, die uns mühelos zu unserem Kugellager brachte.

Das Schicksal schien uns zu lächeln, denn die Hühner, welche den Rizinus verachtet hatten, nahmen die roten Pillen mit Begier, und nach einer Viertelstunde waren sie hinüber: In den merkwürdigsten Stellungen lagen sie im Zelt herum, und wir lachten uns krank mit Ausnahme des Bäschteli, der wegen des Tierschutzonkels noch jetzt Bedenken trug. – Doch der Wrigley sagte ihm, was für die Tante Melanie recht sei, das sei für die Hühner billig, und das leuchtete dem Bäschteli ein.

Auf die Nacht hin legten wir die Schläfer in einer Linie vors Zelt. Der Bäschteli hielt während der zwei ersten Stunden Wache, und aus purer Hühnerliebe machte er den Eingeschläferten mit Taschentüchern kleine Kopfkissen zurecht, und alle Viertelstunden kontrollierte er ihre Bürzel, wegen der Kügelchen.

Leider hatten wir uns mit dem Sanalepsi gründlich verrechnet: Weder ein Ei, geschweige denn ein Dreck kam zum Vorschein, während sie schliefen, und das taten sie notabene auch den ganzen nächsten Tag. Wir warteten vergeblich unten auf die Kugellagerkügelchen, welche sie oben in sich hineingepickt hatten.

Endlich verlor der Wrigley die Geduld, und er schlug uns vor, die Hühner ganz sachte auszudrücken. Aber da war uns wieder der Bäschteli, dieser Bremsklotz, davor.

Am zweiten Morgen legten wir die vier Siebenschläfer ins Zelt und machten einen Spaziergang, das heisst, wir trieben Nahrung auf.

Als wir zurückkehrten, ei du lieber Leser, was war das für eine Bescherung in unserem Zelt!

Zugleich mit dem Bauersmann kamen wir zu unserer Lagerstelle.

Wir hinein ins Zelt, während der Bauer offenbar von aussen zuschaute. Da war der ganze Boden voll von Hühnerdrecken, weil sie vermutlich starken Nachholbedarf gehabt hatten bei ihrem Erwachen. Alles war verschmiert, und wir zerrieben mit wahrer Gier jeden einzelnen Dreck zwischen den Fingern, sorgfältig, als wären Diamanten drin.

Die vier Poulets waren unterdessen längstens ihrer Freiheit nachgegangen, und nur der Bauer stand noch draussen, und als wir uns bekleckert umdrehten, flüsterte er nur:

«Santa Madonna!»

und suchte das Weite. Wir konnten ihn verstehen, denn die Welt ist es im allgemeinen nicht gewohnt, dass Knaben in einem Zelt frischen teiggen Hühnerdreck sehnsüchtigen Auges auseinanderreiben.

Und dann fanden wir im Zelt noch vier Eier. – Aber was für welche! Das waren Modelle fürs Museum, denn sie waren sogar aussen weich und in der Mitte eingeschnürt. Der Wrigley war der Meinung, die Taille in der Mitte stamme aus der Zeit, wo das Sanalepsi wirkte.

Wir hatten alle einen Grausen vor diesen Eiern, mit Ausnahme des Bäschteli, der sie gierig austrank, worauf er aus ganz unerklärlichen Gründen einschlief und stundenlang nicht zu wecken war. Bloss der Wrigley fand das sehr natürlich: Das komme von Sanalepsi in den Eiern. Das sei immer so mit solchen Sachen: Ein

Bekannter seines Vaters habe zum Beispiel in Afrika eine ganze Woche Halsweh gehabt, bloss weil er Giraffenmilch getrunken hatte.

Ja, und was ich noch sagen wollte: Zwölf von den sechzehn Kügelchen waren nach eifriger Suche wieder in unserem Besitz. Unter dem Motto: Lieber zwölf als gar keine, setzten wir das Velo zusammen, das von nun an jedesmal, wenn es einen Dreissiger fuhr, merkwürdig kollerte.

Wir bestiegen nach diesem langen Unterbruch wieder unsere Räder. Ich sass auf meinem Oxyd, das dem Kapitel, welches soeben zu Ende geht, den Namen gab.

Die sogenannte Innerschweiz

Bevor wir Vier mit unseren Rädern den Gotthard erreichten, gab es in Airolo noch jenen Zwischenfall mit den Bundesbahnen.

Schon in Ambri Piotta fing der Wrigley an, vom Tunnel zu schwärmen. Irgendwann hatte er ein Buch mit dem schönen Titel «1000 Jahre Gotthard» gelesen, und er fasste dessen Inhalt vor unseren Ohren folgendermassen zusammen:

Jenseits des Berges stehe bekanntlich die Teufelsbrücke, auf welcher der Teufel sitze, und aus diesem Grunde habe sich die Generaldirektion der Bundesbahnen entschlossen, die Brücke samt dem Satan zu unterfahren. Sie habe den Louis Faber, den Erfinder der Garan-d'Ache-Bleistifte beauftragt, ein gewaltiges Loch zu bohren. Zweihundert Jahre habe die Arbeit gedauert, und viel Unglück sei passiert: zum Beispiel sei einmal der halbe Tunnel eingestürzt und habe den Faber erschlagen, und als er endlich fertig war, da sei er so exakt schnurgerade gewesen, dass man, wenn man an einem Ende hineinblicke, am anderen Ende hinaussehe, und das Loch sei so ringhörig, dass man, sobald man beim anderen Eingang einen Urner stehen sieht, nur leise zu flüstern brauche: «Kuhschweizer», so komme der Urner jähzornig über den Gotthard gerannt und schlage halb Airolo kurz und klein.

Rufe aber ein Urner auf der andern Seite ganz ganz leise: «Tschinggalamora», so habe man bereits am nächsten Tag in Göschenen das blutigste Handgemenge mit den Bevölkerungsschichten des Tessins.

Mit Recht habe der Bundesrat bei der Einweihung gesagt, der Tunnel wirke völkerverbindend. Hätte man den Tunnel früher gegraben, so hätte sich der Hanibal viel Mühe und Elefanten sparen können.

So referierte der Wrigley weiter bis Airolo, und darum mussten wir beim Tunneleingang stehen bleiben, um das andere Ende zu sehen.

Als niemand in der Nähe war, stellten wir uns aufs Geleise und blickten angestrengt hinein, aber man sah nur ein dunkles Loch. Zuerst meinte der Wrigley, auf der andern Seite sei vielleicht noch Nacht, aber das war ein Fehler. – Dann meinte er, es sei vielleicht ein Zug drin, der die Aussicht verstopfe, doch als wir die Ohren aufs Geleise drückten, blieb es stumm, und im übrigen: Wenn man es hier hörte, wenn in Uri einer «Tschinggalamora» flüsterte, dann hätte man einen Zug von blossem Ohr bemerken müssen.

Wir standen auf, sahen uns in die Augen, und allmählich wurde es uns klar, dass wir einem der grauenhaftesten Augenblicke der Weltgeschichte in die Arme gelaufen waren:

Es kam uns die Erkenntnis, dass dort weit drinnen im dunklen Loch ein Bergsturz à la Louis Faber den Tunnel verschüttet hatte. Ausgerechnet wir mussten das entdecken, und wer weiss, vielleicht waren wir vom Schicksal ausersehen, die Bundesbahnen vor dem schlimmsten Unglück des Jahrhunderts zu bewahren, wenn es nicht schon zu spät war.

Ohne ein Wort zu sagen, hetzten wir wie die Gejagten dem Geleise entlang bis zum Bahnhof von Airolo.

Der Wrigley hinein ins Stationsvorstandbüro, wo es hiess: «Eingang verboten», und wir anderen hinten nach.

Atemlos schrien wir alle durcheinander, der Tunnel sei verschüttet, und ohne unnötige Fragen zu stellen begann der Mann mit dem roten Hut, der jetzt auch unter dem Hute rot angelaufen war, mit allen Telegraphen und Telefonen zu klimpern, Hebel umzuschalten, Knöpfe zu drücken, Lämpchen aufleuchten zu lassen, und als draussen die Sirenen heulten, war bald das Büro voller aufgeregter Leute.

Freilich, als wir dann langsam merkten, dass die Leitung nach Göschenen nicht unterbrochen sei, die Tunnelwächter nichts besonderes bemerkt haben wollten und so weiter, da fanden wir, es sei doch vielleicht gesünder, diese dumpfe Stube zu verlassen und die frische Luft des Sankt Gotthard zu atmen, und unbemerkt in dem lauten Durcheinander machten wir uns still hinaus und begannen den Aufstieg.

Ja, ja, bald nach Airolo beginnt der Brocken. Bis zu Kilometer Fünf waren die Ticinesi noch bravi soldati, und der Inferno war passato. Aber dann ging uns allmählich die Luft und die Laune aus, und als wir nach drei Stunden ganz oben waren, merkten wir, dass es noch viel höher ging. Noch hundert Schritte weiter bergan, da legte der Bäschteli sein Rad ab und seufzte still: «Näher mein Gott zu dir.» – Das war der Tiefpunkt.

Beträchtlich kalt war es, und vom Pass her wehte ein scharfer Wind. Der Wrigley behauptete, das sei des Teufels Atem.

Lange sitzen konnten wir nicht, und darum ermunterten wir den Bäschteli mit leisen Drohungen. Es stieg und stieg, und wir schoben gebeugten Hauptes unsere Räder vor uns her.

Dann passierte etwas Dummes. In unserer Stadt existiert nämlich ein Lied, das ins Hochdeutsche übersetzt lautet:

«Und über den Gotthard fliegen die Brämen,
die kaiben Brämen,
sie sind schon dänen,
per far lamor.»

Wir hatten zwar keinen Atem, um zu singen, aber immer wenn man keinen Atem hat, kommt mir ein Lied unter die Zunge, und ich muss es bis knapp an den Rand des Grabes pfeifen oder brummen oder röcheln. Nach der siebenhundertsten Wiederholung blieb der Wrigley stehen und stellte nach einem langen Rundblick fest, dass trotz des Liedes weit und breit keine Bräme zu sehen war, und er sagte, das sei mit der ganzen deutschen

Dichtung so: Alles erstunken und erlogen. Zum Beispiel die Bürgschaft, oder die Füsse im Feuer, oder die drei Indianer, oder die Brücke am Tai, das alles habe nie und nirgends existiert. Ja, das sei wieder einmal typisch. Wenn wir Knaben die Wahrheit auch nur ein wenig abändern, dann nennen uns die Erwachsenen Taugenichtse und Bösewichte. Tue aber der Mozart oder der Goethe in viel grösserem Masstab dasselbe und lege Hunderttausende herein, so seien das Dichter, denen man ein Denkmal setzt. Hier zum Beispiel nähme es ihn durchaus nicht wunder, wenn sich überhaupt noch nie eine Bräme an diesen gottvergessenen Ort verirrt hätte.

Wir krochen weiter bergan und dachten an die deutsche Dichtung, bis uns der Wrigley mit einem Freudenschrei aus unseren Gedanken riss:

Er hatte *sie* gesichtet.

Zuerst nur von weitem, und sie waren noch sehr klein. Aber der Wrigley erkannte sie selbst aus dieser Distanz als Steinböcke, und zwar Orischinal-Steinböcke, wie er das nannte, und das mahnte mich ganz an jenes Gespräch zuhause in Bern auf dem Estrich. Dort spielten wir einst zwischen Kisten und Kasten das schöne Spiel «Die Schiffbrüchigen auf Tahiti», das der Wrigley erfunden hatte, und da stiessen wir zufällig auf den sogenannten Familienschatz vom Grossvater her: Es war das ausgestopfte Jammerexemplar einer gewöhnlichen Hauskatze, aber der Wrigley verkündigte uns in geheimnisvollem Ton, das sei ein Riesenleopard, den sein Grossvater in der Nähe von Schanghai erschossen habe.

Ein Riesenleopard? – Das sei doch ein Zwergkaterchen!

«So wartet doch, bis ich fertig erzählt habe, ihr Anfänger! Als mein Grossvater dieses Raubtier erlegte, war es drum sehr weit entfernt!» Wie faul diese Geschichte war, erkannte ich eine Woche später, als sie mir von anderer Seite nicht als Tatsache, sondern als Witz erzählt wurde.

Kurz und gut, auch diese Steinböcke waren noch sehr klein, aber

wirklich sehr weit entfernt. Der Wrigley duckte sich mit uns hinter einen Stein und hielt uns ein neues Referat:
Uns stehe ein unvergessliches Abenteuer bevor, denn Steinböcke seien heutzutage selten und als Kleideraufhänger im Vestibule sehr gut zu gebrauchen. Wenn wir auch nur einen hinten auf dem Velo aufgebunden heimbrächten, wäre sämtlicher Groll der vereinten Elternhäuser vergessen und abgetan.
Der Bäschteli bekam es mit der Angst zu tun, als der Wrigley von den riesigen Hörnern zu schwärmen begann, aber er beruhigte ihn: Steinböcke seien so dumm, dass man ihnen das Fell über die Ohren ziehen könne, ohne dass sie etwas merkten. Man brauche sich bloss in die Nähe zu pirschen und müsse das Sprechen unterlassen, zum mindesten die Landessprache. Jägerlatein mache nichts, denn das verstehen die Steinböcke nicht. Von jetzt an hätten wir vorsichtigerweise nur in Jägerlatein zu reden.
Warum Jägerlatein?
«Ach, ihr Amateure! Was meint ihr, wie sich ein Steinbock verhielte, wenn ein Jäger hinter dem Felsen auf Berndeutsch riefe: Ziel Steinbock, Distanz dreihundert Meter nordost, zum Schuss fertig.»
Noch ehe ein solcher Ruf zum Mund heraus wäre, hätte das Wild sich über alle Berge gemacht. Darum greifen die Jäger zum Jägerlatein, und damit können die Tiere nichts anfangen und seien lackiert.
Diese schöne Ansprache war noch nicht zu Ende, da lugte der Eduard hinter dem Felsblock hervor nach den Steinböcken aus, zog den Kopf aber bleich wieder zurück und flüsterte:
«Sie kommen!»
Da war auch dem Wrigley sein Latein zu Ende, und weil Steinböcke, welche kommen, nicht mehr so harmlos sind, wie Steinböcke, welche gehen, duckten wir uns hinter dem Felsen eng zusammen und verhielten uns still, denn der Wrigley hatte uns zitternd zugeraunt, in Rudeln seien sie sehr gefährlich.
Eine Minute verging.

Eine zweite.

Und dann zogen links und rechts an unserem Stein ein Rudel Ziegen vorüber, unsere ehemaligen Steinböcke, und wir standen in einer Art und Weise auf, als hätten wir vorhin nur vor dem Luftzug Schutz gesucht. Und wieder einmal war eines von Wrigleys Abenteuern in sich zusammengestürzt.

Das war heute nicht das letzte Mal. Das zeigte sich in Kürze.

Als wir nämlich fast zu oberst waren, kamen wir in den ewigen Schnee. Hier wollte der Wrigley etwas ausprobieren:

Nämlich, ob die Sache mit den Bernhardinerhunden vom Hospiz funktioniere. Er sagte, das lohne sich, denn wenn Einer hier oben im Schnee liege, dann kommen diese menschenfreundlichen Hunde mit einem Fässlein am Hals, und das könne man behalten.

Der Wrigley zwang uns, trotz der Kälte alle Viere von uns zu strecken. Das sei ein erstklassiges Experiment. Wir lagen und froren, aber kein Bernhardiner weit und breit.

Der Wrigley forderte uns nach einer Weile auf, künstlich zu stöhnen. Das werde die Tiere dann schon hervorlocken.

Aber keine Viertelstunde war verflossen, das sagte der Bäschteli, wenn das noch lange gehe, habe er ernstlich einen Bernhardiner nötig. Dieser Zustand wurde allmählich unhaltbar, und der Wrigley schalt aus Leibeskräften über die miserable Organisation.

Doch plötzlich sprang er auf und sagte, pardon, das sei ein Missverständnis: Das hier sei ja der Gotthard und nicht der Bernhardin, und hier oben gebe es gar kein Hospiz, und darum könnten wir hier liegen bleiben, bis es mit uns so weit wäre, wie mit Bübu Blasers Urgrossvater auf dem Jungfraujoch: Der sei seinerzeit ein grosser Tourist gewesen, und aus diesem Grunde sei er unglücklicherweise auf dem Konkordiaplatz erfroren, und eine Rettungskolonie habe drei Tage suchen müssen, bis sie den Hartgefrorenen fanden, worauf sie ihn ins Hotel Jungfraujoch trugen, wo sie leider im Korridor entschlipften und den Leichnam fallen liessen, so dass Bübu Blasers Urgrossvater in tausend Stücke zersplittert sei, wie ein Saladier. So weit käme es auch mit uns, wenn wir noch länger zögerten, denn wo kein Hospiz sei, da gebe es auch keine Hunde.

Wir also auf und weiter, doch nach kaum fünfzig Schritten sichteten wir ein Haus, an welchem geschrieben stand:

Gotthardhospiz.

Der Wrigley verstand jetzt nichts mehr, und er sagte, er wolle der Direktion des Klosters in einem Briefe schreiben, wie schändlich die Bernhardiner-Organisation versagt habe.

Aber dann erzählte er vom Hospiz und vergass die Vergangenheit: In diesem Haus wohnen lauter steinalte Mönche mit meterlangen Bärten. Die liegen in Betten aus Granit und trinken nur Gletschermilch. Sie seien sehr barmherzig. Den ganzen Tag beten sie für die armen Seelen im Flachland, und sie haben ein Gelübde abgelegt, dass nie eine Frau das Kloster betrete.

Es wäre doch sehr interessant, das heilige Haus einmal zu besichtigen, und da wir keine Mädchen seien, stehe dem Plan nichts im Weg.

So stellten wir denn unsere Velos an die Wand, und es war uns sehr feierlich ums Herz, als wir die Türe öffneten und eintraten. Im Inneren kam es uns freilich merkwürdig vor: An der Wand hing ein Plakat, und wie ich im ersten Augenblick meinte, das sei ein schöner Spruch, sah ich mich im zweiten Augenblick getäuscht, denn es stand zu lesen:

«Campari Bitter, der Freund Ihres Magens»

An der anderen Wand aber hiess es:

«Bier, Weltmeister im Durstlöschen»

Ganz genau so wie diese Klosterhalle waren bei uns daheim die Wirtshäuser möbliert, und nicht lange währte es, da kam ein Fräulein herein, das aufs Haar einer Serviertochter glich. Wir sperrten Mund und Nase auf und dachten an das Gelübde der Mönche. Der Wrigley stellte sich empört vor die junge Dame hin und fragte, was sie da mache?

Servieren natürlich!

«Aber wissen Sie nicht, dass das hier strengstens verboten ist?»
«Was, verboten?»
«Ja, Fräulein, ich gebe Ihnen den guten Rat, hier schleunig zu verschwinden, ehe Sie die Mönche erwischen.»
Da lief unser Gegenüber rot an und bebte vor Zorn, als hätten wir sie gröblich beleidigt. Sie liess uns wortlos stehen und kehrte mit einem Mann in grüner Schürze zurück, der uns, ehe wir gax sagen konnten, vor die Türe warf.
So standen wir denn ratlos an der kalten Luft und schauten den Wrigley an, der uns jetzt eine Erklärung schuldig war. Der schwieg zuerst, um auf unser Drängen hin empört herauszuplatzen, seiner Ansicht nach sei die ganze Sache ein grossangelegter Schwindel.
Wir hätten uns die Köpfe vielleicht noch lange zerbrochen, aber jetzt, da eine Abfahrt in Sicht war, bekamen wir es handkehrum mit der Zukunft zu tun. Der Eduard wollte aufsitzen, aber der Wrigley hielt ihn auf, denn wieder war eine seiner Reden im Anzug. Dieser Mensch war auf diesem Gotthard sehr in seinem Element.
Er nahm seine Mütze vom Kopf, blickte gegen den Himmel auf und sagte uns, wir sollten uns bewusst sein, dass wir hier auf historischem Boden stehen: Hier an dieser Stelle habe vor Jahren der Kübler den Bergpreis gewonnen, und dann habe er während der ganzen Abfahrt kein einziges Mal gebremst. Darüber kam es zu Auseinandersetzungen, weil der Eduard ein Gegner des Kübler und ein Freund des Koblet und des Clerici war. Er sagte, mit dem Kübler solle man ihm gar nicht kommen, habe doch dieser Rennfahrer so wenig im Kopf, dass er in der Konfirmation zweimal durchgefallen sei. Das aber war die bare Verleumdung, weiss doch jedes Kind, wie hell auf der Platte unser Kübler ist, und ich entgegnete, niemand fahre so sehr mit seinem

Kopf, wie unser Ferdinand. Der Eduard überbrüllte mich mit der Behauptung, ohne zu bremsen sei noch nie ein Sterblicher die Gotthardnordseite hinuntergefahren, am wenigsten der Ferdi Kübler.

Da fühlte sich der Wrigley persönlich beleidigt: Ob das möglich sei, wolle er ihm nun gleich beweisen, und fort war er, Kopf zwischen dem Lenker, in grossem Stil, wie er das nannte.

Zehn Minuten später fanden wir ihn dort, wo der Tessin endgültig aufgehört hat und der Uristier an den Felsen gemalt ist im Strassengraben: Mit dem Taschentuch hatte er sich einen Kopfverband gemacht. Er stöhnte ein wenig, sagte aber stolz: das sei nun einmal Rennfahrerschicksal, und bis zu einer Karambolasche habe sich ja keiner von uns an sein Hinterrad heften können. Das Feld habe er glatt stehen lassen, denn keiner von uns habe den Mumm aufgebracht, wie er, und als es sich erwies, dass beim Sturz die Krone seiner Uhr abgebrochen war, da nannte er das Ganze ein Rennen gegen die Uhr, und überhaupt, bis Flüelen spielten wir die Tour de Suisse. Der Wrigley fuhr zwar nicht eben schnell, aber seine Fachausdrücke waren tadellos:

In einem fort musste er einen anderen Gang auflegen, noch einen oder zwei Zähne mehr, wie er das nannte, und dabei hatte er an seinem Velo Rücktritt. Immer murmelte er von Führungsarbeit oder «preschte» am Bäschteli vorbei, der jetzt Louison Bobet hiess; oder er lobte seinen heftigen Antritt oder seine Härte am Berg, und hinter Flüelen waren wir anderen längst zu seinen sogeannten Domesticken herabgesunken und mussten ihm Wasser tragen und Schläuche wechseln, ihn wieder in die Kopfgruppe führen oder einen Spurt anreissen, und wir bangten erschöpft um die weitere Zukunft, als wir in Brunnen die zwei Wegweiser sichteten. Auf dem einen stand:

Zürich.

Bei diesem einen Wort fiel dem Wrigley der Fritzeli Bühler ein. Das war eine sagenhafte Gestalt aus längst vergangenen Zeiten. Aber noch heute lebte sein Name unter uns, und jedermann wusste, dass er der Freund des Hofmann gewesen war, jenes Hofmann, der im Familienbad jedes beliebige Paar Schuhe für zwanzig Rappen ins Wasser warf. Der Bühler war jener Knabe gewesen, von dem der Plänes in jüngeren Tagen gesagt hatte: «Bühler, du bist zwar vieles, bloss eines bist du nicht: Nachahmenswert.» Der Fritzeli Bühler war derjenige, welcher in der Schule kein einziges Mal sitzen blieb, bloss aus dem Grunde, weil der Klassenlehrer der unteren Klasse sagte, wenn der Bühler zu ihm herunterfliege, lasse er sich pensionieren.

Du siehst schon nur aus diesen einführenden Worten, lieber Leser: Ein Ideal von einem Menschen, und der Wrigley nannte ihn den Beethoven der Lausbuben, und er war unser unerreichtes Vorbild. Hunderte von Fritzelis Abenteuern zirkulieren in Bern noch heute über ihn, trotzdem er schon lange nach Zürich ausgewandert ist.

Drum brachte jener Wegweiser den Wrigley auf den naheliegenden Gedanken des Abstechers. Als wir zögerten, sagte er uns, eine Fahrt nach Zürich grenze an eine Wallfahrt, denn Fritzeli sei der berühmteste Knabe der westlichen Halbkugel gewesen: Der Schrecken der Lehrer, der Feind aller Bösen und aller Milchkinder. Er sei zu gross gewesen für sein Vaterland, und wie den Gotthelf habe man ihn in die Fremde verbannt, drum sei er jetzt in Zürich.

Dort könne man ihn unschwer besichtigen. Der Fässler Reni sei dort gewesen und habe ihm mitgeteilt, der Fritzeli besitze für eventuelle Gäste zehn Luftmatratzen, und überhaupt, wenn wir nicht mitwollten, so gehe er, Wrigley, allein, erlebe mit dem Fritzeli die herrlichsten Abenteuer und niesse ohne uns nutz.

So fuhren wir denn rechts statt links, denn abgesehen vom Fritzeli Bühler dünkte es uns nützlich, unsere Eltern noch ein wenig weicher werden zu lassen.

Wir waren nun in der sogenannten Innerschweiz, und der Wrigley, welcher sehr viele Bücher kennt, erzählte uns viel von diesen Urkantonen, von Uri und der Uhrenindustrie, vom Stauffacher, Dufour und Melchtal, und dann sahen wir noch von weitem den Schillerstein, den dieser Dichter zu Ehren des Wilhelm Tell gestiftet hatte.

Es wurde immer feierlicher, und auf einmal war der Eduard melancholisch, und wir wussten alle: Jetzt denkt er an die Schlacht am Morgarten. Vor Monaten nämlich hatte der Geschichtslehrer die ganze Schlacht so sehr erzählt, dass ihm ob den Baumstämmen, welche die Ritter mit todbringendem Kollern begrüssten, Tränen in die Augen traten, und er mit einem sehnsüchtigen Seufzen schloss: Ja, damals seien die Schweizer noch Helden gewesen!

Doch als ihn der Eduard in der Pause mit einem Schneeball haargenau ans Gilet traf, wurde ebenderselbe Lehrer gekränkt bis zu Strafaufgaben, dieser Lehrer, welcher zehn Minuten zuvor wegen der zerquetschten Ritter leuchtende Augen und einen wässerigen Mund bekommen hatte. Ja, wirklich, die Zeiten ändern sich: Ich bin sicher, wenn wir Vier auch nur einen halben Baumstamm einen halben Abhang hinunterwälzten, so käme heutzutage die Polizei und verhaftete uns Knaben.

Mittlerweile hatte es angefangen zu regnen, und wir setzten uns bei einem Hause an der Strasse nach Schwyz unter den Vorscherm. Wir sassen auf einer Scheiterbeige und liessen die Beine baumeln, und wir erzählten uns viel schöne Sachen aus der Schweizergeschichte, und das war so gut und friedlich, und alles um uns war schön grün, und der Regen verbreitete überall einen frischen Geruch, und der Dachtrauf plätscherte, wir waren so fein am Trockenen, dass ich am liebsten für immer hier geblieben wäre.

Der Eduard schien von dem allem unberührt, denn er brummte, wenn der Regen nicht bald aufhöre, so bleibe uns nichts anderes übrig, als das Bundesbriefarchiv in Schwyz zu besichtigen.

Der Wrigley war sofort einverstanden. Er teile uns mit, dort stehe die Wiege der Eidgenossenschaft. Diese müsse man unbedingt gesehen haben.

Doch der Bäschteli unterbrach ihn mit der weisen Bemerkung, die Wiege der Eidgenossenschaft sei doch nur symbolisch.
Natürlich sei sie symbolisch, bestätigte der Wrigley: Ob wir denn glaubten, unser Land habe nur eine ganz gewöhnliche aus Holz, so, wie für einen Säugling? Nein, die Königin von England habe zum Beispiel auch eine Krönungstrotschke, aber wir befänden uns im Irrtum, wenn wir meinten, sie sehe ungefähr so aus, wie Trotschken in der Reitschule. Das sei vielmehr eine symbolische, aus lauter Gold und Diamanten, so schwer, dass fünfzig Rosse sie kaum von der Stelle bringen. Ungefähr so werde es sich mit der Wiege der Eidgenossenschaft verhalten.
So sprach der Wrigley, bis er plötzlich auf ein Messingschildchen am Hauseingang aufmerksam wurde, auf welchem es hiess:

«Eligius Rieder, Schuhmacher»

Wrigley hob hierauf verwundert seinen Blick und suchte mit den Augen das Vordach ab. Er fand, was er wollte, denn er begann zu strahlen:
Hier müsse es gewesen sein! Der Name Rieder stimme, und die Rolle des Flaschenzuges am Vordach stimme auch! Welch merkwürdiger Zufall habe uns an das Gestade dieses Hauses gespült.
Wir begriffen einstweilen noch nichts und mussten uns vom Wrigley folgendes erklären lassen: Vor vier Wochen habe ihm sein Onkel erzählt, dass er bei Rieders Ditschest etwas Tragisch-Komisches gelesen habe. Was Rieders Ditschest eigentlich sei, habe er, Wrigley, gar nicht recht gewusst, bis sein Auge auf das Messingschild gefallen sei. Jetzt sei es ihm klar, dass sich alles in diesem Hause zugetragen habe.
Was sich denn zugetragen habe?
Ach ja! Sein Onkel habe ihm also erzählt, hier sei einer der dümmsten Unfälle der Weltgeschichte passiert. Um ihn zu begreifen, müssten wir jetzt freilich scharf aufpassen. Ob wir jene Rolle oben am Vorscherm sehen?
«Ja.»

Ob wir uns vorstellen können, dass es einen handlichen Aufzug gebe, wenn man ein Seil über diese Rolle lege?
«Ja.»
Also, wenn das soweit klar sei, so könnten wir uns auch vorstellen, dass man am einen Ende des Seils eine Last anbinden könne, und dann müsse man am andern Ende reissen, bis sie oben sei und zur Luke unter dem Vordach hereingenommen werde.
Nun sei dem Rieder vor noch nicht langer Zeit folgendes passiert: Er habe vom Estrich eine Ladung aufgestapelter Ziegel herunterschaffen wollen, und weil er sie nicht einfach hinabwerfen konnte und das Hinabtragen mühsam war, habe er am einen Ende des Seils ein kleines Lastenbrettchen befestigt, es heraufgezogen, das andere Ende drunten an einen Baum gebunden, und dann habe er die Ziegel zur Luke des Estrichs hinaus auf das Brett geladen, bis es voll war. Anschliessend sei er hinuntergegangen, um das Seil zu lösen und die Last sacht herabzulassen.

Wie er aber das Seil in Händen hielt, erwies sich die Ziegelladung oben beim Dach schwerer als der Herr Rieder unten auf der Erde, und darum hob es ihn wie eine Rakete in die Höhe. Im Hinauffahren streifte er sehr schmerzhaft die Ziegel und brach sich das Schlüsselbein. Aber er fuhr weiter hinauf und schmetterte zuoberst mit dem Kopf an das Vordach, während unten das Brettchen so unsanft zu Boden kam, dass die Hälfte der Ziegel herunterfielen. Somit bekam Herr Rieder in schwindliger Höhe das Uebergewicht und fuhr sausend in die Tiefe. Während der Fahrt rammte er mit dem Schienbein das herauffahrende Brett, brüllte vor Schmerz, aber krachte eine Sekunde später mit dem Gesäss auf den Boden der Innerschweiz, liess natürlich vor Schreck das Seil fahren und bekam sehr bald das Brett mit dem Rest der Ziegel aufs Haupt.

134

Der Wrigley fügte dieser Geschichte noch bei, der Versicherungsinspektor habe eine Viertelwoche diesen Unfall lernen müssen, bis er ihn auswendig konnte.

Das arme Opfer aber sei zweifellos dieser Rieder in diesem Hause gewesen.

Spornstreichs stand der Wrigley auf, um sich im Inneren nach dem Befinden Herrn Rieders zu erkundigen und um nötigenfalls der Witwe zu kondolieren.

Nach fünf Minuten erscholl drinnen ein dröhnendes Gelächter, und als der Wrigley herauskam, behauptete er strahlend: Jawohl, der Mann da drinnen müsse es gewesen sein, denn als er ihn an den Vorfall erinnerte, da habe Herr Eligius Rieder einen Lachkrampf bekommen und vom tragischen Unfall überhaupt nichts mehr wissen wollen, und wir wissen es ja noch von der Tante Melanie her, wie typisch das für Hirnschläge und -erschütterungen sei: Der Bruder des Hubert Rieser sei doch einmal vom Viermetersprungbrett im Bubenbad kopfvoran auf den Bauch eines hartleibigen Herrn gesprungen, worauf er alles Latein und einen grossen Teil seines Französisch verschüttete; und auch jener Jankee beim Mark Twain habe in der Fabrik einen Dampfhammer auf den Kopf bekommen, und dann sei er im zwölften Jahrhundert erwacht und sei mit dem Velo beim Hof des Königs Artus vorgefahren. Überhaupt, bei Hirnerschütterungen geschehen die merkwürdigsten Sachen, und schon oft habe er daran gedacht, auch unser Rechnungslehrer in Bern sei ein solches Produkt.

Lieber Leser, begreifst du, dass über solchen Reden der Regen langsam aufhörte? Eine halbe Stunde später standen wir im Bundesbriefarchiv in Schwyz.

Dort suchten wir zuerst die Wiege. Der Abwart erklärte uns auf unsere Frage mit einem Lächeln, die Wiege der Eidgenossenschaft sei symbolisch.

Ja, genau die symbolische wollten wir sehen.

Da grinste der Abwart noch mehr und erklärte, in dem Fall müssten wir schon aufs Rütli gehen, und erst jetzt bemerkten wir die Verwechslung.

Mit einem «Ah, ja, klar!» zogen wir von hinnen, das heisst, bis zu jenem hell erleuchteten Kasten mit dem Bundesbrief.

Wir bekamen alle Gänsehaut, und es war so feierlich, dass wir nur noch flüsterten. Wir waren erfüllt von Ehrfurcht für Uri, Schwyz und Unterwalden, und das Blut vom Stauffacher, vom Dufour und vom Tell, mit welchem er geschrieben war, das war schon ganz schwarz vor Alter.

Wir dachten daran, wie viel mehr Glück die Waldstätte einst doch gehabt hatten, als wir Vier damals zu Fiesch im Ferienhaus von Eduards Vater, als auch wir einen Bundesbrief schrieben und uns feierlich gelobten, von nun an auf ewig ganz frei zu sein, – und am gleichen Nachmittag gab uns besagter Vater Stubenarrest, bloss wegen eines leiden Missverständnisses, und alle Freiheit war futsch.

Solche Erfahrungen machen bitter und verhärten das Gemüt.

Wir dachten daran, dass auch die Urkantone es nicht leicht gehabt hatten, und der Wrigley nahm seine Mütze ab und flüsterte, er entblösse das Haupt vor unseren Altvorderen, und dann fuhren wir weiter mit Ziel Zürich vor Augen am Lowerzersee vorbei.

Nicht ohne Angst kamen wir in diese Gegend.

Trotz unseres Geographielehrers wussten wir nämlich ganz genau, was in dieser Gegend passiert war, und warum es überhaupt diesen See gab: Vor hundert Jahren hatte der Rossberg gekalbt, wie der Fachausdruck heisst, und das ganze Tal wurde von Felsen und Schutt bedeckt, und ganz Goldau liegt hundert Meter tief begraben.

Dort ist man keinen Augenblick sicher, ob der Rossberg nicht von neuem kalbt, und der Bäschteli sagte, wenn man durch das Trümmergebiet fahre, so müsse man mäuschenstill sein, denn es brauche nur einen unvorsichtigen Schall, so lösen sich von der winzigen Erschütterung neue Felsstürze.

Der Bäschteli, und ich muss gestehen, auch wir anderen waren dafür, über den Rigigrat zu wandern. Dort gebe es frische Luft und eine herrliche Aussicht, und überdies sei man dort in Sicherheit.

Aber weil der Rigi in dicke Wolken gehüllt war, hielten wir uns mutig an die Strasse nach Goldau.

Unter Grabesstille traten wir in die Pedale, immer mit einem schiefen Blick nach rechts hinüber, wo man noch genau sah, woher die Felsen gekommen waren.

Schweigend und bange fuhren wir auf diesem gefährlichen Pfad, und es schien uns, wir geraten mitten in den Weltuntergang hinein, als wir folgendes zu Gesicht bekamen:

Mitten in der jetzt fast ganz von Gras überwachsenen hügeligen Trümmerstätte rechterhand der Strasse lagerten wie im tiefsten Frieden ein Jodlerklub samt Alphornbläser unweit eines Autocars. Diese Vermessenen sprachen laut und lachten, als seien sie bei sich zu Hause. Uns standen die Haare zu Berge, als diese Verrückten noch anfingen zu jodeln, so, dass es graulich von den Hängen niederhallte.

Wir wussten: Jetzt galt es das Leben. Wie die Besessenen beugten wir uns über die Lenker. Den Bäschteli, weil er ein angeborener Schwächling ist, nahmen wir in die Mitte. Der Eduard führte, und der Wrigley machte den Schluss.

Jeden Augenblick konnte es oben losbrechen mit fürchterlicher Gewalt.

Wir spurteten ums nackte Dasein.

Mit Erfolg!

Zwei Kilometer weiter westlich hörte das Felssturzgebiet auf.

Wir fielen mehr von den Rädern, als dass wir abstiegen, keuchten und sahen atemlos auf das, was zweifellos bald eintreten musste.

Gegen den Luftdruck krochen wir hinter einen Felsen und kamen erst nach und nach zur Besinnung. Der Bäschteli sagte, jenen Jodlern geschehe es eigentlich ganz recht, denn in der Schweiz gebe es ohnehin zu viele überflüssige Vereine. Wir andern aber fanden, Mensch sei Mensch, und trotz allem sei auch ein Jodler Mensch und verdiene des Bäschtelis Erbarmen so gut wie einst die Hühner in Lavorgo. Wir beschlossen, tief erschüttert zu sein, und daraufhin erwogen wir den Gedanken, ob die Jodler durch uns nicht doch noch zu warnen seien.

In diesem Augenblick sprang der Wrigley auf, mit einem eisernen Ausdruck in seinem Mienenspiel, und er hielt eine Rede, in der es hiess, wer von uns bereit sei, das Leben für andere in die Schanze zu schlagen, der trete vor.

Nichts regte sich.

Da holte der Wrigley zu einer zweiten Ansprache aus und sagte, wir sollten doch nicht so feige tun. Wenn uns nämlich dieser Coup gelinge, dann hefte uns der Bundesrat Etter die Garnegie-Medaille an die Brust, und wenn die Eltern daheim in diesem Augenblick auch noch so dunkle Pläne wider uns entwerfen, so müssten sie schweigen und staunen, wenn die Lebensrettungskommission ihnen je einen Palmenzweig in die Arme lege zum Dank für solch tapfere Söhne. –

Darum frage er noch einmal: Wer von uns sein Leben zur Rettung der Jodler in die Waagschale zu werfen gewillt sei, der trete vor.

Wie ein Mann machten wir entschlossen einen Schritt.

Der Wrigley verabreichte uns einen Handschlag, nannte uns Brüder und hoffte auf ein Wiedersehen hier oder – dort, dann teilte er uns in drei Kolonnen, und mit je fünfzig Meter Abstand fuhren wir in den Gefahrenherd zurück. Nun sollte der Berg nur kommen! Helden zagen nicht, obgleich ich nicht behaupten kann, uns Vieren sei es besonders wohl in der Haut gewesen. Der Bäschteli in der Nachhut jedenfalls hatte seinen Abstand schon verdächtig vergrössert, und eben wollte ich mich umkehren, um ihn heranzuwinken, da brauste es hinter der nächsten Kurve, und unter lautem jodeln fuhr die ganze Bande in ihrem Car an uns vorbei, als wären wir nicht soeben aufgebrochen, sie aus tiefster Not zu befreien. Der Eduard bekam eine Orangenschale an den

Kopf, und mich streifte das Alphorn, welches der betrunkene Bläser zum Fenster hinaus schallen liess. – Keiner dort drin hatte eine Ahnung, welch höchster Gefahr er entronnen war.
So sind die Menschen.
Wir Vier aber hatten von der Innerschweiz genug, und endgültig machten wir uns auf, um so schnell wie möglich das Ziel unserer Wünsche, Zürich, zu erreichen.

Sie

Der Weg nach Zürich war mit guten Vorsätzen gepflastert. Aber auch mit Fallstricken. Nur so ein kleines Müsterchen:
Nachdem es längstens dunkel geworden war und wir an Goldau vorbei den Zugersee erreicht hatten, dachten wir ans Schlafen und tasteten nach einem Lagerplatz. Unglücklicherweise scheint jeder einzelne Zuger auf dem Lande einen Park zu besitzen, denn links und rechts von der Strasse sind Zäune, und wie so oft in der Schweiz ist hier überall der Eintritt bei einer Busse von Franken eins bis fünfzig nebst einem bissigen Hund verboten.
Wir suchten lange und dringlich, da wir hier und da einen dicken Regentropf an der Stirne fühlten, und wir waren daher sehr froh, als wir im Vorwärtstasten merkten, wie der Zaun aufhörte und öffentliches Gelände begann.
Ohne die Hand vor dem Gesicht zu sehen, stellten wir Könner unser Zelt auf und kamen eben damit zurecht, als uns ein zentraleidgenössischer Wolkenbruch ins Innere trieb, wo wir vom anstrengenden Tag ermattet in unsere Schlafsäcke sanken, und sogleich hörten wir den Bäschteli schnarcheln und seine Portion Kolynos abwarten.
Eine Nacht im Zelt ist schön. Man räkelt sich am Trockenen, man hört das Prasseln des Regens auf dem Doppeldach. Man denkt an dieses und jenes, riecht das Gras und kuschelt sich.
Aus meinen Gedanken weckte mich der Wrigley mit einem komischen Laut, und als ich mich umdrehte, keuchte er kaum hörbar, es sei ein Tier, so etwas wie eine Schlange im Zelt. Hätte mich nicht der Schreck gelähmt, so wäre ich aufgesprungen; so aber verhielt ich mich still, wohl vierzig oder fünfzig Stunden lang, aber weil man nach so langer Zeit das eigene Skelett schmerzhaft zu spüren beginnt, drehte ich mich endlich, und dabei musste meine Hand über den Schlafsack hinausgeraten sein, denn ich

streifte mit dem Handrücken etwas so Kaltes, so Glattes und so Schlüpfriges, dass ich einen Schrei ausstiess.

Darob erwachte der Eduard, fragte, was wir hätten, und als ich ihm zuraunte:

«Schlangen!»

knipste er seine Taschenlampe an, und der Anblick, der sich uns bot, war mehr als erstaunlich:

Das ganze Zelt voller Tulpen!

Dies also waren die Schlangen gewesen, die sich so kalt und glatt anfühlten, und erleichtert seufzten wir auf. Wir waren viel zu müde, um uns über die Herkunft dieser Gewächse überflüssige Gedanken zu machen, und ehe wir dieser Frage weiter nachgehen konnten, waren wir samt und sonders hinüber.

Die Sonne schien hell aufs Zeltdach, als wir unsere Augen öffneten, aber nicht sie, sondern aufgeregte Stimmen draussen weckten uns. Der Wrigley kroch zum Eingang und guckte durch einen Spalt hinaus, zog seinen Kopf aber sogleich zurück.

«Schrecklich!» sagte er.

Als schliesslich auch wir anderen einen Blick in die Landschaft warfen, da kamen wir um die Erkenntnis nicht mehr herum, dass wir zehn Schritte neben einer Herrschaftsvilla mitten im Tulpenbeet unser Zelt errichtet hatten, und der Besitzer – mindestens ein Herr Baron – stand mit seiner ganzen Familie eigenhändig davor und jagte uns mit Schimpf und Schande von dannen.

Mit abgesägten Hosen fanden wir uns nach einer halben Stunde auf der Landstrasse, und ich glaube, die Schmähreden hätten wir noch verschmerzt. Dass uns aber der Herr Baron in Anwesenheit eines holden Mädchens Landstreicher genannt hatte, das frass an unserer Seele.

Der Eduard sagte zwar, die habe ja Laubflecken gehabt.

Der Bäschteli fuhr fort: «Und O-Beine.»

Der Wrigley ergänzte, aus Mädchen mache er sich nichts, die seien überall nur im Weg. Ja, er, der mit einer Schwester behaftet ist, sprach wahrlich aus Erfahrung.

Und doch konnten wir die Sache nicht vergessen. Dass der Wrigley von jenem Mädchen in seinem Pijama gesichtet worden war, welches er nicht nur seit drei Wochen trug, sondern das noch immer vom Grundwasser in Tenero verstümmelt war, das überwand er kaum.

Er behauptete zwar das Gegenteil, und wir überboten einander, die Ueberflüssigkeit der Mädchen zu beteuern. Das brachte die anderen darauf, mich wieder einmal mit dem Böhni Krummenacher aufzuziehen.

Und daran waren nur meine missleiteten Eltern schuld.

Ich weiss nämlich nicht, aus welchem Grund jedes Elternpaar, das ein dreijähriges Kind und einen Photoapparat besitzt, derart blödsinnig darauf erpicht ist, seinen Sprössling nackt im Garten zu photographieren. Auch meine Eltern frönten dieser Leidenschaft. Davon klebt noch heute im Familienphotoalbum mancher beschämende Denkzettel. Einmal freilich hatte ich sämtliche nackten Bilder herausgerissen und vernichtet, aber mein Vater strafte mich zuerst und suchte hernach die alten Filme hervor, um neue Kopien machen zu lassen.

Nun muss ich schon sagen: Was einst, noch lange vor der Zeit, an die ich mich erinnern kann, in unserem Garten geschah, ist schwere Kindsmisshandlung.

Damals wohnte nämlich im Hause nebenan die Familie Krummenacher mit einem zweijährigen Böhni. Kaum war es an einem Sonntagnachmittag in unserem Garten, machten meine Eltern es und mich blutt, setzten uns in einen Waschzuber und drückten uns beide zusammen ab.

Welche Blamage in späteren Zeiten!

Besonders, wenn dann einmal ein Mensch von der Gattung eines Wrigley hinter das Album kommt und uns beide im Zuber sieht. Es ist dann dafür gesorgt, dass der Spott sich über ganz Bern verbreitet.

Trotzdem ich vom Böhni Krummenacher heute überhaupt nichts mehr weiss, zogen mich in der Nähe von Zug meine Freunde wieder einmal mit ihm auf; ich glaube allerdings, bloss um ihre Gedanken an jenes Baronmädchen zu verbergen, denn trotzdem der Wrigley sie ein blödes Dämchen nannte, entfuhr ihm am nächsten Abend im Zelt:

«Sie war halt doch wie Fleisch und Honig.»

Das war das letzte Wort in dieser Angelegenheit. Und doch schlief keiner von uns ein. Wir wälzten uns von einer Seite auf die andere, und wenn der Eduard leise seufzte, so konnte man sicher sein, dass er es nicht wegen der Schule tat. Auch ich sah das Mädchen, wie es so auf dem Gras stand, und wie es so die Hände zusammenhielt, und dann sah es einem unter den Augen hervor an, als wollte es sagen:

«Warum?»

Der Wrigley war es, welcher das Schweigen brach.

Er könne nicht schlafen. Denn er müsse immer an den Herrn Baron denken.

«An wen?» – hörte man von Bäschtelis Platz her.

«An den Baron, du Kalb!»

Und schon fuhr er fort, uns ins Gewissen zu reden: Vielleicht sei dieser Mensch ein berühmter Tulpenzüchter. Vielleicht sei er krank, und die einzige Freude auf Erden seien noch seine Tulpen, und wir hätten nun sein Lebensglück zerdrückt. Keiner von uns habe auch nur ein Wort der Entschuldigung gesagt.

Was wohl der Baron von uns denke?

Es sei nicht die Art des feinen Mannes gewesen, einfach so davonzufahren, und am besten wäre es eigentlich, wir kehrten morgen noch einmal zurück, um uns für die Tulpen zu dementieren: Das machen auch die Diplomaten, und die wissen, was sich gehört.

Noch einmal zurück?

Fünfzehn Kilometer gegen den Wind? – Da kannte wohl der Wrigley den Eduard schlecht, denn der fährt nicht mehr als er muss.
Aber schon stimmte ihm der Eduard eifrig zu, und er sagte, auch er habe das gleiche gedacht. Der Baron habe nämlich einen wehmütigen Zug in den Mundwinkeln gehabt, als er ihn an den Ohren nahm. Das sei nichts als recht und billig, und wenn dementiert sein müsse, so sei er, der Eduard, auch dabei.
Siehe da, selbst der Bäschteli zeigte sich plötzlich von einer ganz neuen Seite: Er, der sonst allem Unangenehmen aus dem Wege geht, behauptete, er werde sich vor den Baron hinstellen und ihm sagen, wenn er zu Schaden gekommen sei, so solle er die Rechnung nur an seine Eltern schicken.
Ich kannte meine Freunde kaum mehr, aber ich muss gestehen, am ganzen Plan war etwas, was auch mich an allen Haaren zog. Freilich hütete ich mich, mein stilles Herz zu öffnen, denn ich glaube, da hätten mich die anderen furchtbar verhöhnt, und darum half auch ich mit, als sich die halbe Nacht fort und fort unsere ganze Rede um jenen Baron drehte.
Keiner von uns schlief ein. Vom fernen Kirchturm hörten wir jede Stunde schlagen. Bloss wegen dieser Tulpen.
Und als es gegen vier Uhr dämmerte, da waren wir alle auf den Beinen.
Der Wrigley stand am Bach und wusch sich sehr – für den Herrn Baron. Der Eduard behauptete, heute werde einmal rasiert und gab sich Mühe, in seinem Hohlspiegel, von dem er auch auf dieser Reise nicht liess, die nötigen Härlein zu finden. Der Bäschteli aber, und das war das Maximum, kämmte sein Haar. Das führt bei ihm zu nichts, denn er hat Haare wie Stahlwolle, und darum schlich er sich zu den Velos hinunter und träufelte sich aus seiner Pinte Nähmaschinenöl auf den zukünftigen Scheitel, so, dass er hernach dermassen roch, dass der Wrigley jedesmal, wenn er unterwegs in seine Nähe kam, schrie: «Elna, fahr ab.»
Von weitem freilich war der Bäschteli ein holder Knabe, und kei-

ner von uns verriet ihm, dass man von hinten noch nach Stunden zwei Bächlein Oel den Nacken hinunter bis aufs Hemd verfolgen konnte.

Die Sonne stand längstens hoch am Himmel, und immer noch putzten wir uns und unsere Kleider. Der Eduard war ins Dorf gegangen, um sich Schuhwichse zu besorgen und brachte seine Leibmarke zurück, die ich von anderer Gelegenheit her kannte. Und das kam so:

Die einzige Charaktereigenschaft, welche unser Rechnungslehrer in Bern aufweist, ist eine grenzenlose Neugierde, und darauf gründete der Eduard eine kleine Idee.

Des Morgens kam er einmal mit einer leeren Schuhwichsebüchse in die Schule, die er bedeutungsvoll in seinem Pult obenauflegte. Als es läutete und die Stunde offiziell zu Ende war, da fuhr der Lehrer wie gewohnt ganz gegen das Gesetz noch fünf Minuten weiter, und in diesem Augenblick entnahm der Eduard seinem Pult die Büchse, schüttelte sie und hielt sie ans Ohr.

Das weckte sogleich das Interesse des Lehrers, und er kam nach hinten und fragte den Eduard, was in dieser Büchse sei.

«Oh, nichts.»

Er solle sie doch einmal öffnen.

«O nein, sie ist leer.»

Auftun solle er sie.

Aber da erklärte der Eduard, es sei nichts darin, und sie gehöre ihm ganz allein.

Mit einem «Wird's bald?» nahm ihm sie der Lehrer weg, tat sie auf, liess sie fallen, und mit einer klatschenden Ohrfeige beendete er die Stunde.

Wir stürzten herzu, um die Ursa-

che zu erfahren und fanden, wie der Eduard auf den blanken Blechboden mit Schuhwichse geschrieben hatte:
«Alter Esel.»
Darum war mir heute die Wichse des Eduard sehr bekannt. Wir verteilten den Inhalt auf unsere Schuhe, bis sie so trübe waren, wie alte Wasserstiefel, und es brauchte eine gute halbe Stunde, bis wir die überschüssige Schwärze von den Schuhen weg an Hände und Kleider gebracht hatten.
So fing denn die Reinigung von vorne an, und alle zeigten eine riesige Nervosität.
Endlich gegen Mittag waren wir soweit, und um die Frisuren nicht zu zerzausen, fuhren wir sachte nach Zug zurück, wo wir mit Ausnahme von drei Franken unsere gesamte Barschaft in einen Riesenstrauss Tulpen anlegten.
Für den Herrn Baron.
Wir fuhren auf der gleichen Strasse wie gestern morgen rückwärts, und während wir in einem fort auf unsere Haartracht bedacht waren, schielten wir auf die Gärten und Häuser linkerhand. Denn gestern waren wir viel zu aufgeregt gewesen, um uns den genauen Standort des Herrn Baron zu merken.
Leider hatte es vor allen Villen Tulpen, zudem in besserem oder schlechterem Zustand. Leider hatte es überdies unglaublich viele Herrschaftshäuser, die einander glichen, wie ein Ei dem anderen.
Hier und da stiegen wir vor einem offenen Portal vom Rad und suchten Anzeichen, ob es wohl hier gewesen sei. Doch immer sprachen gewisse Umstände dagegen. Und schliesslich kamen wir in Gefilde, die wir vorgestern im Abendschein befahren hatten und mussten umkehren.
Viermal pirschten wir dem Zugersee entlang und trafen unter den Häusern, die in Frage kamen, eine engere Wahl. Wir mussten uns beeilen, denn immer mehr liessen die Tulpen auf Wrigleys Gepäckträger ihre Häupter hängen.
Endlich fanden wir den Ort. Der Wrigley erkannte die Umgebung

an untrüglichen Zeichen wieder, und mit Herzklopfen läuteten wir am grossen, grünen Haustor. Der Wrigley murmelte seine auswendigen Begrüssungsworte; als aber die Türe aufging, war er so verwirrt, dass er den Tulpenstrauss vor sich hinstreckte und ihn dem steinalten, zittrigen Mann in die Arme presste, der uns öffnete.

Der Eduard erkannte den Irrtum zuerst und fragte, ob hier der Herr Baron mit der Tulpenzucht zuhause sei. Nein, das sei er nicht, erwiderte der Mann. Aber er bedanke sich höflich für den netten Blumengruss.

«Pardon!» schrie der Bäschteli ausser sich, denn die Tulpen waren ja aus seinem Sack bezahlt, riss sie dem Alten aus der Hand, und wir rannten hinter ihm her, zum Portal hinaus und auf die Räder, als wäre der Lötige hinter uns her.

Stundenlang ging die Suche weiter.

Endlich hatten wir die richtige Villa, – aber gewitzigt, wie wir waren, legten wir uns an den Schatten unter den Zaun und äugten nach den Fenstern des Hauses. Mit langem, grossem Blick, und wenn sich irgendwo etwas regte, schlug uns das Herz am Hals, denn wir sahen im Geiste schon den – Herrn Baron.

Doch da knirschte es hinter uns, und eine Limousine bog von der Strasse auf den Kiesweg, und wir sahen die ganze Familie auf dem Heimweg: Ein grämlicher Herr, eine düstere Frau, und eine keifende, zwanzigjährige Tochter mit Schnellzähnen.

Wieder nichts, und es war uns, als seien die Tulpen neben uns in den letzten fünf Minuten um drei Tage gealtert.

Wie manchesmal wir selbigen Nachmittag noch hin und hergefahren sind, ohne jene Villa zu finden, weiss ich nicht. Ich weiss nur noch, dass wir am Ende kapitulierten, als wir am See sassen und die Beine mutlos ins Wasser baumeln liessen.

Ob der Bäschteli mit den Tulpen an die Strasse stehen und sie verhausieren solle? fragte er verzagt.

«Nein, nimmer!» entgegnete der Wrigley empört. «Bekommt sie der Baron nicht, dann auch kein anderer Sterblicher.»

Auch wir fanden das gerecht, und wir schauten zu, wie der Wrigley sich bei seinem Rad zu schaffen machte; wie er die Tulpenleichen in dickes Packpapier wickelte; wie er eine Schnur darum band und einen schweren Stein daran, und wie er zu uns zurückkehrte, als seien wir eine Beerdigung.

«Aufstehen», befahl er uns.

«Mützen ab.»

«Liebe Freunde», hob er an. «Wir haben es gut gemeint, doch das Schicksal wollte es anders. Der Himmel sieht unsere Herzen. Verzaget nicht. Gegrüsst seien Sie uns, verehrter Herr Baron! Unser Flor soll Ihnen gelten.»

Mit einer grossen Gebärde holte er aus zu einem weiten Wurf, besann sich aber, kniete nieder, holte seinen Kugelschreiber aus der Tasche und kritzelte, so, dass wir es nicht sehen sollten, etwas auf das Tulpenpaket.

Dann wiederholte er seinen Wurf, und mit gefalteten Händen sahen wir anderen zu, wie unsere teure Gabe weit aussen im See ein wenig schwamm und dann mit einem feierlichen Glucksen versank. Tränen standen in den Augen aller, aber lieber Leser, so ganz sicher bin ich heute nicht mehr, wem sie galten.

Der Wrigley hatte zwar in seiner Rede den Baron angesprochen, aber während des Schreibens hatte ich doch lesen können, was es hiess. Soll ichs verraten? Wrigley, wirst du mir nicht böse? – Es stand auf dem Paket:

«Für dich, Geliebte.»

Ein gewisser Fritz Bühler

Was blieb uns auf unserer Reise nach Zürich anderes übrig, als in die Zukunft zu blicken?

Schon waren wir in der Nähe von Thalwil, als dem Eduard der Cousin seiner Tante in den Sinn kam, der in Kemptal Prokurist der Maggifabrik ist. Kemptal sei die übernächste Station nach Thalwil, und diesen Genuss dürften wir keines Falles verpassen. Einige Stunden Zugabe werden sich lohnen bis nach Bern.

Der Cousin seiner Tante, so erklärte er uns, sei derjenige mit der offenen Fontanelle, die seit dem Säuglingsalter nicht zugegangen sei, und wenn er an seinem Kopf auf dieses Loch drücke, dann sehe er am hellen Tage das Kreuz des Südens, und wenn er noch mehr drücke, so könne er rechnen, ohne zu denken und darum sei er Prokurist geworden, der Stolz der weiteren Verwandtschaft.

Und diese Maggi, das sei eine enorme Fabrik. Dort gebe es riesige Trichter, in welche man jeden Tag ganze Rinderherden schütte. Unter dem Trichter werden diese Herden ausgepresst, das heisst wenigstens ihr Aroma, und das sei sehr interessant. Die Ueberreste, den sogenannten Rindertrester, verwende man hierauf weiter als Düngemittel und in der Parfumindustrie. Einmal sei, so behauptete der Eduard in seinem Überschwang, ein Direktor, welcher ein Scheusal von einem Menschen war, versehentlich in diesen Trichter geraten, und noch eine Woche lang hätten alle Maggiwürfel einen ungeniessbaren Nachgeschmack gehabt.

Das alles wollten wir unter der Leitung des Cousins seiner Tante besichtigen, und der Eduard blähte sich zusehends auf und brüstete sich mit seiner berühmten Verwandtschaft. Aber unterdessen war die übernächste Station längstens herangerückt, und kein Kemptal weit und breit. In den Vorstädten Zürichs merkten

wir dann, dass wir den Ort entweder verpasst hatten, oder dass er anderswo liegt, und fast wären wir damals traurig geworden. Aber jetzt, wo wir so nahe beim wirklichen Fritz Bühler, beim Helden unserer Träume waren, fiel uns das Verzichten leichter als sonst. Ueberdies war es an diesem Nachmittag ohnehin höchste Zeit, unseren zukünftigen Gastgeber noch rechtzeitig aufzusuchen.
Wir betraten die erste beste Telefonkabine und suchten im Buch die Adresse Fritzelis. Dann fragten wir uns zur Hardstrasse durch, wo er wohnt.
Das Herz klopfte uns freudig, als wir vor der Türe auf den Knopf drückten und die Köchin öffnete.
Wir fragten nach dem Herrn Bühler.
Der sei noch nicht zu Hause. Er komme erst nach acht. So blieb uns denn nichts übrig, als ihr zu versichern, dass wir wiederkommen, und hatten von nun an überschüssige Zeit.
Was macht man damit in Zürich?
Man eilt zum Jelmoli an die automatische Treppe, rennt die, welche herunterkommt, hinauf, und jene, welche aufwärts steigt, hinunter, und wenn nach einem hitzigen Zusammenstoss mit einem Treppenfahrer und nach einem noch heftigeren mit dem Rayonchef diese Lustbarkeit zu Ende geht, dann ist Zürich schon fast erschöpft. Es bleibt höchstens noch der See, aber wenn man kein Geld besitzt, ein Schifflein zu mieten, ist der ohne grossen Reiz.
Also zurück an die Hardstrasse.
Eine Stunde zu früh.
Das war unser Unglück, denn was kommt einem in einer langen Stunde nicht alles in den Sinn!
Als wir nämlich vor Fritzelis Garten neben dem Eisentürchen auf dem Mäuerchen sassen, bohrte der Wrigley in den Nasenlöchern,

und ich kann versichern: Wenn dieser Mensch so bohrt, dann ist das ein untrügliches Zeichen, dass er denkt.

Darum meinte er dann plötzlich: Der Fritzeli, welcher gute fünfzehn Jahre älter ist als wir, der kenne uns ja nicht und wir ihn nur vom Hörensagen, und vielleicht sei es ihm so lang wie breit, wenn wir ihn besuchen. Unter Umständen halte er uns zuerst für Milchkinder, besonders, wenn sein Auge zufällig auf den Bäschteli falle, und Milchkinder möge er bekanntlich nicht riechen.

In solchem Falle wäre unser ganzer Besuch für die Katze.

Irgendwie müsste man ihm zum vornherein imponieren können und ihm ein Abenteuer veranstalten. Das wäre die rechte Einführung, denn der Fritzeli Bühler besitze eine Unmenge romantischer Adern, und er sei nur glücklich, wenn er ein wenig in Lebensgefahr schwebe.

So beschlossen wir denn nach einigem Hin und Her einen Raubüberfall, nur so zum Schein und zur Einführung, wie es der Wrigley nannte.

Als es dunkel wurde, bezogen wir im Garten links und rechts der Haustüre in den Buchssträuchern Posten, und dreiviertel Stunden verhielten wir uns mäuschenstill.

Zuerst schlief mein linkes und dann dem Eduard sein rechtes Bein ein, und beinahe hätte die ganze Szene mit einer peinlichen Verwechslung geendet, als nach acht eine mittlere Gestalt den Garten betrat und wir uns zum Sprunge strafften. Erst im allerletzten Augenblick bemerkten wir, dass es die Zeitungsfrau war.

Du meine Güte, welcher Blamage wären wir beinahe zum Opfer gefallen!

Das Warten ging weiter.

Die Nacht brach herein.

Es war spannend, und mir klopfte das Herz, und ich fragte mich, ob der Fritzeli wohl wirklich Wonne haben werde, sich von uns knebeln zu lassen, und in der Länge des Wartens vermehrte sich meine Bangigkeit.

Allerhand Gedanken schlichen sich ein, die gar nicht hierhergehörten. Ich dachte an mein Elternhaus, an meine Jugendzeit, an die ferne Heimat und ans Sterben, und just bei letzterem war ich angelangt, als wiederum das Gartentor ging.
Diesmal war es der Richtige.
Genau wie Winetou schnellten wir lautlos aus dem Gebüsch, und ehe der Fritzeli überhaupt Laut geben konnte, lag er gefesselt im Gartenhäuschen, und wir fragten uns im stillen nicht ganz ohne Sorge, wie viel Wonne nun wohl durch seine romantischen Adern fliesst.
Zum wenigsten das eine stand fest: Der wusste nun ein für allemal, dass wir keine Milchkinder seien.
Wie er da in der Dunkelheit wehrlos vor uns lag, teilten wir ihm mit, wir werden ihm den Knebel ein wenig lockern, damit er flüsternd Antwort geben könne, aber sobald er ein lautes Tönlein von sich lasse, machen wir ihn kalt.
Ich zog ihm das Taschentuch ein wenig aus dem Mund, aber ehe ich soweit war, erschrak ich:
Seine Wange war klebrig feucht!
Blut!
Mit zittrigem Finger entfernte ich den Knebel vollends, aber da begann dieser Fritzeli, unser Traumheld, leise zu wimmern, zu schluchzen und in sich hinein zu heulen.
War das die Möglichkeit!
Der Wrigley spielte vorderhand seine Rolle weiter und befahl ihm in grauenhaftem Ton, seinen Namen zu melden. Verschüchtert brachte er hervor:
«Armand Bühler.»
«Wie bitte?»
«Armand Bühler.»
«Nicht Fritz?»
«Nein, das ist – das ist mein Vater.»
Wir alle waren sprachlos vor Staunen. Hatte unser Fritzeli schon solche Söhne?

Der Eduard zückte ein Zündholz, und im Schein des Flämmchens sahen wir in das Gesicht eines dreizehnjährigen Zärtlings.
«Wie alt ist dein Vater?»
«Neunundfünfzig», war die erschütternde Antwort, und wenn man den Knaben sah, so glaubte man es ihm. Allgemach schwante uns Vieren, dass wir den richtigen Sohn eines falschen, ganz anderen Fritz Bühlers überfallen hatten, denn in der Tat, vielleicht gab es in dieser grossen Stadt der Fritz Bühler noch mehr!

Das änderte so ziemlich alles, und ohne viel Redens machten wir uns daran, den Irrtum rückgängig zu machen, aber weder hatten wir die Fesseln gelöst, noch war es uns gelungen, den eingeschüchterten Knaben sachte in sein seelisches Gleichgewicht zurückzuversetzen, da knarrte von neuem das Gartentor, und durch die Luke des Gartenhäuschens sahen wir einen handfesten Mann gegen die Haustüre schreiten.

Irgendetwas musste er gehört haben, denn er fragte gegen uns hin, ob jemand da sei.

Schreckensbleich tauchten der Wrigley und ich aus dem Versteck auf und stellten uns lammfromm und zaghaft vor den Herrn, der sich sogleich als der falsche Fritz Bühler entpuppte.

Wer wir seien?

In seiner kurzsichtigen Geistesgegenwart sagte der Wrigley, er heisse Eberhard Bohner und ich Peter Küenzi, und wir befänden uns soeben auf der Durchreise aus dem Tessin, und eh, da hätten der Peter und er gedacht, wir sollten doch einmal den Armand aufsuchen, den wir so lange nicht mehr gesehen hatten.

Das schien ein Schuss ins Schwarze, denn trotz der Dunkelheit begann der Herr Bühler zu strahlen. Er sagte eifrig, das freue ihn gar sehr, und wir sollten doch so gut sein und hereinkommen.

Was blieb uns anderes übrig, als ihm zu folgen?

So sassen wir denn eine Minute später schwitzend und trotzdem möglichst tugendhaft in Herrn Bühlers Studierzimmer, wussten nicht, wie das alles noch enden sollte und liessen uns erzählen,

wie sehr er sich für seinen Armand freue. Der sei ein gar zartes Büblein, und Freunde besitze er nicht. Immer sei er als einziger, kränklicher Sohn allein daheim, und schon lange habe er sich für ihn einen Gespanen gewünscht.
Der Armandeli werde sicher bald heimkommen und hoch beglückt sein.
Und dann kam jene längst erwartete heikle Frage: Woher wir ihn eigentlich kennen?
Ja, so erzählten wir, die wir der Lüge sonst so abhold sind, wie wir mit dem Armand die zwei ersten Primarklassen besucht hätten, wie uns das Schicksal in späteren Jahren samt unseren Eltern nach Bern verschlug, und wie sehr uns daran gelegen sei, die alte Freundschaft wieder aufzufrischen.
«Ach, wie nett, wie nett», fiel uns Herr Bühler immer ins Wort, während wir uns im stillen fragten, wie dieser dicke Herr in seinem Alter zum Namen unseres Helden gekommen sei. Ohne Unterlass lag uns noch mehr als im Anfang die Frage auf der Seele, wie das nun weitergehen solle, denn es stand fest:
Wenn das so weiterging, so ging es ganz sicher nicht mehr lange weiter, denn ewig konnten die anderen Zwei den Armand draussen nicht hinhalten. Was für eine Verwicklung, wenn der Sohn des Hauses mit der vollen Wahrheit heranrückte!
Aus diesen Gedanken riss uns Herr Bühler mit dem dringlichen Vorschlag, bei ihm zu übernachten: In diese Dunkelheit hinaus lasse er uns nicht ziehen.
Der Wrigley kratzte sich im Haar und sagte: Bleiben könnten wir schon, denn verabredet seien wir nirgends, aber er sei vom Staub der Bundesbahnen derart dreckig, dass er sich vor Herrn Bühler geniere. Zuerst müsste er sich einmal waschen können.
Ich kannte meinen Wrigley und wusste, was er wollte: Zum Badezimmerfenster hinaus und draussen zum Rechten sehen. Drum musste auch ich mich unbedingt einer Reinigung unterziehen, doch ich zog das kürzere Ende, denn Herr Bühler nötigte mich, die Sache sogleich ins Reine zu bringen, das heisst, un-

sere Eltern in Bern telefonisch verständigen, dass wir heute nacht nicht mehr nach Hause kommen.

Die Eltern, so versicherte er, hätten sicher nichts dagegen, denn beim Armand seien wir gut aufgehoben.

Lieber Leser, dieses Telefongespräch hättest du mitanhören sollen, als ich von weitem überwacht in der Verzweiflung etwa siebenmal die Nummer Eins drehte, und als am anderen Ende ganz gegen meinen Wunsch ertönte:

«Auskunft, Sie wünschen?»

Ich, derart in die Enge getrieben, musste nun die Komödie zu Ende führen. Drum sprach ich mutig in den Hörer:

«Bist du es, Mutter?»

«Nein, hier Auskunft! Sie wünschen?»

Ich am anderen Ende zog entschlossen Atem und teilte dem Telefonfräulein zu ihrem Erstaunen mit, ich sei mit meinem Freund immer noch in Zürich und bleibe einstweilen hier, denn Armands Vater habe uns in sein Haus eingeladen. Hier wurde ich unterbrochen durch ein:

«Herr, verstehen Sie mich? Hier ist die Auskunft! Haben Sie noch jemand anders auf der Leitung?»

«Ja, sicher, Mutter! Auf alle Fälle morgen.»

«Wie bitte?»

Oder spätestens übermorgen.

«Wie ist ihre Nummer, bitte?» fragte es schon eher geharnischt auf der anderen Seite.

Darauf entgegnete ich ihr zuckersüss:

«Das sage ich dir dann daheim. Weisst du, jetzt dauerte das zu lange.»

Das Fräulein versuchte mir nun beizubringen, dass sie nicht meine Mutter sei, doch ich blieb kühl und liess dann noch den Vater, ihren Mann grüssen und hängte ein.

Flugs schlug ich noch einmal heimlich das Telefonbuch auf und fand richtig in Zürich nicht weniger als fünf Fritze Bühler.

Welcher war nun der Rechte?

Unterdessen schien auch der Wrigley sauber geworden zu sein, denn im Badezimmer gurgelte es pro forma, und dann trat er heraus.

Als er an mir vorbei ins Zimmer schritt, flüsterte er mir zu: «Geht in Ordnung.»

Später vernahm ich, dass er nach einem Sprung aus dem Fenster den Armand draussen unter unsanften Drohungen aufforderte, von nun an unser Freund aus der Primarschule zu sein, und wenn er uns verrate, so entführen wir ihn nach Aequatorialsibirien.

Wir gingen wieder in die Stube, in der jetzt auch Frau Bühler sass, und der Wrigley begann, den Ernst Scheich, den eckl009Streber in unserer Klasse zu imitieren.

Er hielt verschämt die Hand an den Mund und sagte Bühlers, er müsse ihnen etwas beichten, was er ihnen bisher verheimlicht habe.

Wollte Wrigley im ungeeignetsten Augenblick die Karten aufdecken? Was war in ihn gefahren? Doch da fuhr er fort:

«Wissen Sie, Herr Bühler, um nicht unbescheiden aufzutreten, haben nur der Peter und ich bei Ihnen vorgesprochen. Aber im Grunde genommen sind wir auf unserer Ferientour nicht unserer zwei, sondern vier. Wir sind uns klar, dass wir nicht selbviert Ihre Gastfreundschaft missbrauchen dürfen, und doch erlaube ich mir zu bemerken: Wenn Sie uns zwei Betten zur Verfügung stellen, dann finden wir darin alle reichlich Platz, denn im Zelt sind wir noch anderes gewohnt. Wir möchten nicht ungelegen sein, aber ...»

In diesem Augenblick läutete es, und herein trat der sehr misstrauische Bäschteli und der strahlende Eduard – mit dem Armand in ihrer Mitte, als wären sie die besten Freunde.

«Nein, gar zu nett!» rief Herr Bühler begeistert aus, sprang zugleich mit uns aus dem Sessel und liess sich durch Wrigley den Bäschteli als Emil Rubeli und den Eduard als Anton Graber vorstellen.

Der Eduard fand sich augenblicklich in der neuen Rolle zurecht, denn er verkündete, sie hätten den lieben Armand draussen auf der Strasse getroffen und ihn alsdann heimbegleitet. Das sei doch ein glücklicher Zufall! Niemand achtete sich, wie der Eduard während seiner Rede den armen Armand mit zuckersüsser Miene hier und da zur Sicherheit in den Arm kniff.

Ja, und dann begann ein seliger Abend:
Wie wir assen! Wie wir in einem fort den Armand anlächelten, um ihm hinterrücks einen Box zu geben, wie wir von unserer gemeinsamen Jugend erzählten und aufpassen mussten, um nicht unsere neuen Namen zu verwechseln, und wie wir – noch immer hungrig, einige Konserven öffneten: Das war ein Paradies!
Immer waren wir so sittsam und so gut, dass Herr Bühler von Begeisterungswellen auf- und abgehoben wurde, und wir fühlten uns so wohl in unseren Rollen, dass der Wrigley manchmal ins Uebertreiben verfiel: Nach einer Stunde sagte das Kalb nach jedem vierten Satz: «Ja, mein Lieber!» oder: «Gewiss, mein Guter.»
Es war ein Paradies, das auf Minen ruhte, welche jederzeit in die Luft fliegen konnten.
Als wir endlich zu Bett gingen, geleitete unsere Leibwache den Armand bis in sein Schlafzimmer, denn wohlweislich beharrten der Eduard und der Bäschteli darauf, aus lauter Freundschaft mit ihm das Zimmer über Nacht zu teilen und sich ein Bodenbett zu-

157

recht zu machen. Der Wrigley und ich belegten im Gastzimmer zwei vorzügliche Betten, die einen fast bis zur Decke federten, wenn man vom Sekretär auf sie heruntersprang. Wir waren sämtliche Sorgen los und hätten die ganze Nacht vorzüglich geschlafen, wenn uns nicht gegen zwei Uhr morgens der Eduard geweckt hätte, um uns mitzuteilen, der Armand fange an, ihn zu erbarmen: Seit Stunden weine er nämlich ganz still in sein Kissen hinein. Wenn das so weiter gehe, so gehe das Büblein noch ein.

So schlichen wir denn alle ins andere Zimmer hinüber, setzten uns neben Armand auf sein Bett, und allmählich tat auch uns die Sache leid, denn wir merkten, dass er wirklich ein armer Knabe war: Früher immer sehr allein, und jetzt plötzlich mit solch zweifelhaften Freunden gesegnet.

Wir flüsterten mit ihm, erzählten ihm ganz ehrlich von uns und unserer Reise; wir berichteten ihm, durch welch ein Missverständnis es zu jenem misslichen Ueberfall gekommen war, und immerfort beteuerten wir ihm im Ernst, wie gut wir es nun mit ihm meinen.

Nach und nach taute er auf, erzählte uns immer wärmer von seinem Leben, und noch ehe der Morgen graute, waren wir wirkliche Freunde geworden.

So etwas gibt es also im Leben.

Wir konnten uns auf ihn verlassen, und eher hätte er sich die Zunge abgebissen, als dass er uns verraten hätte.

Am nächsten Tag, einem Sonntag, besuchten wir mit der ganzen Familie Bühler den Zoo, und es war herrlich, bis der Bäschteli von einem Schimpansen eine furchtbare Wasche einfing. Aber wir vergnügten uns königlich, und niemand dachte daran, dass die Sache ein schiefes Ende nehmen könnte.

Der wirkliche Fritz

In Zürich hatte sich alles derart aufs beste geordnet, dass wir mit Vergnügen eine ganze Woche geblieben wären, wie man uns hiess und bat.

Allein, lieber Leser, du kennst ja das Ziel unserer gesamten Reise: Der richtige Fritz wollte uns nicht aus dem Kopf, und wir hätten uns geschämt, Zürich den Rücken zu kehren, ohne ihn, das Vorbild unserer Jugend zu besichtigen.

So brachten wir dem Herrn Bühler am Sonntagabend mit vereinten Kräften bei, es tue uns sehr leid, und gewiss wäre es uns Ehre und Vergnügen gewesen, den Rest unserer Ferien unter seinem gastlichen Dach zu verbringen (diesen Prachtssatz hatte der Wrigley einstudiert), aber unwiderrufliche Geschäfte riefen uns gebieterisch nach Bern zurück:

Der Emil Rubeli sei in der Schule nämlich ins Provisorium versetzt und beginne am Montag mit seinen Privatstunden; der Anton Graber (so nannte sich der Eduard), sei ein Asthmatiker und müsse in Behandlung; der Peter Küenzi (alias ich selber) müsse das Aquarium der Tante reinigen, und er, Eberhard Bohner, besorge nächste Woche daheim den Haushalt, weil der Vater wegen seiner Arthritis gegenwärtig in einer Fangopackung stecke und aussehe wie ein Michelin-Mann.

Nach solchen Darlegungen hofften wir, man lasse uns im Frieden fahren und wähnten schon alles in bester Ordnung, als der Herr Bühler aufseufzte und sich nur unter der Bedingung unserem Abschied beugte, dass wir bald wiederkommen. Der Armand, in alles eingeweiht, hatte ehrlich feuchte Augen, und während auch wir mit den Wellen kämpften, kam der Herr Bühler auf einen schrecklichen Einfall: Morgen habe er Nachtdienst, und darum könne er in der Frühe zum wenigsten unsere Abreise ordnen.

Weshalb hatten wir ihm eigentlich grundlos unsere Fahrräder verschwiegen und von unserer Bahnreise erzählt? Jetzt war es zu spät, mit ihnen herauszurücken, und wir mussten uns notgedrungen zur Bundesbahn bekennen.

Wie staunten wir aber am anderen Morgen, als nach dem Frühstück draussen ein Taxi stand, in das uns Herr Bühler komplimentierte. Leise hofften wir auch da noch, er werde vor seinem Haus den Chauffeur auszahlen und uns zum Fenster herein die Hand zum Abschied reichen, aber o Schreck: Strahlend stieg er zu uns in den Schlag und fuhr mit uns zum Bahnhof.

Sorgenschwer ermunterten wir ihn, er solle gleich wieder zurückfahren und uns allein ziehen lassen, aber er liess es sich nicht nehmen, uns auf den Bahnsteig zu geleiten.

Dort bestieg er sogar noch mit uns den Zug, suchte passende Fensterplätze, und erst drei Minuten vor Abfahrt verliess er uns, freilich nur, um draussen noch mit uns zu plaudern.

Unter anderem fragte er uns, ob wir die Fahrkarten bis Bern noch hätten?

«Ja, gewiss.» So stotterten wir, denn wir besassen selbstverständlich keine.

Der Bäschteli und der Eduard standen belämmert am Fenster, so belämmert, dass Herr Bühler draussen lachte und sagte, auch er sei in unserem Alter vor jeder Reise so aufgeregt gewesen wie wir.

Der Wrigley und ich berieten unterdessen fieberhaft, was nun zu tun sei. Nicht nur die Fahrkarten fehlten uns, sondern auch das nötige Geld, und zudem hatten wir gar kein Verlangen nach Bern.

Das eine war ganz klar: Wir mussten hinaus.

Glücklicherweise hat es im Bahnhof Zürich auch auf der anderen Seite einen Bahnsteig, das Postperron, und darauf gründete unsere Hoffnung.

Als der Zug nämlich anfing zu rollen, da machten wir drei uns zur Türe hinaus und sprangen ab. Das liess sich leicht bewerkstelligen, weil wir die einzigen Passagiere des Abteils waren.

Bloss der Wrigley winkte tollkühn noch viele Meter am Fenster dem Herrn Bühler zu, und erst als die Geschwindigkeit beträchtlich und gefährlich wurde, sahen wir ihn weit vorne springen und zu uns zurückeilen.

Wir hatten es geschafft und atmeten auf.

Aber eines, lieber Leser, hatten wir nicht bedacht: Als nämlich der Zug vorbei war, standen wir, da uns keine Wagen mehr Schutz boten, keine sechs Meter dem selben Herrn Bühler gegenüber auf dem anderen Perron, nur das Geleise zwischen ihm und uns!

Ich muss gestehen: So nackt bin ich mir in meinem ganzen Leben nie vorgekommen. Da gab es kein Verstecken und kein Verkriechen, und wie angewurzelt sahen wir zu, wie der gute Alte drüben, der uns noch nicht bemerkt hatte, unentwegt nach vorne blickte und dem entschwindenden Zug nachwinkte, der uns nach Bern führen sollte.

Immer wieder schwenkte er zum Greifen nahe sein Taschentuch. Und dann kehrte er sich um.

— — — Aahh, auf die andere Seite!

Uns halb den Rücken kehrend, zottelte er eben in demselben Augenblick davon, als uns ein Bahnbeamter unsanft anfuhr, was wir auf diesem verbotenen Bahnsteig zu suchen hätten?

«Feldpost!» erwiderte der Eduard schnell und gefasst.

Verblüfft, aber offenbar besänftigt gab sich der Mann zufrieden und liess uns den Rückzug antreten.

Mit einem leichten Würgen in der Gegend des Zwölffingerdarms zogen wir uns vom Bahnsteig zurück, durchmassen die grosse Halle – und stiessen beinahe mit Herrn Bühler zusammen, der eine Zeitung gekauft hatte und sich auf den Heimweg begab.

Noch einmal drehte ein Schutzengel seinen Kopf auf die andere Seite, und wir kamen heil davon.

Aber lieber Leser, das kann ich dir versichern: Am selben Tag glaubte ich mindestens fünfzigmal, Herrn Bühler vor mir zu haben. Es brauchte nur jemand an mir vorbeizustreichen, so zuckte ich zusammen. Meinen Freunden ging es ähnlich.

Das Schlimme war nun: Während wir diesen einen Bühler mieden wie die Pest, suchten und fanden wir krampfhaft im Lauf des Tages andere Bühler in Fülle, denn wie du dich erinnerst, bot uns das Telefonbuch fünf verschiedene Fritze Bühler zur Auswahl an, und da wir keine näheren Anhaltspunkte besassen, blieb uns nichts anderes übrig, als sie der Reihe nach zu besichtigen.

Im Verlauf des Tages erwies es sich, dass ihre gleichen Namen das einzige war, was sich an ihnen verwechseln liess.

Den ersten suchten wir alle persönlich auf.

Weil der uns gröblich anfuhr, beschlossen wir trotz der geringen Barschaft, den Rest telefonisch zu erledigen.

Der Eduard bestieg eine Telefonkabine.

Wir sahen von aussen zu, wie er bedächtig das Buch aufschlug, ein Geldstück einwarf, die Nummer wählte und selbstsicher den Hörer ans Ohr drückte.

Die Verbindung war hergestellt, denn der Eduard hatte einen hochroten Kopf. Dem Anschein nach war der dritte Bühler ein Rohling. Denn ohne ein Wort zu sprechen, hängte der Eduard verwirrt ab.

Und kam heraus.
«War es der Bühler?»
«Ja, das schon.»
«Warum hast du nichts mit ihm verabredet?»
Da keuchte der Eduard entkräftet:
Es war Armands Vater!
Ach du meine Güte! Hatte dieser Anfänger also die Nummer verwechselt und noch einmal dem ersten angerufen!
Wir schienen diesen Menschen nicht mehr los zu werden, und so etwas wie eine böse Ahnung beschlich uns und verdüsterte uns den Tag.
Nach dieser Erfahrung läuteten wir den zwei nächsten Bühlern vorsichtig an, und als sie sich als die falschen erwiesen, blieb nur noch der letzte, der Original-Fritzeli übrig, und den suchten wir zu Fuss auf.
Ach, wie hat er uns aufgenommen! Es war wie ein Traum. Es brauchte keinen Überfall als Einführung. Fritzeli nahm uns auch so auf.
Wir sassen in seinem Zimmer um ihn herum, und wir bestaunten ihn mit offenem Mund. Der also war der Rechte! Uns persönlich sass er gegenüber!
Und wieder einmal kam es aus, dass auf Erwachsene kein Verlass ist: Diesem Fritzeli hatten doch in seiner Jugendzeit ungezählte Erzieher ein Ende mit Schrecken prophezeit! Besorgte Lehrer sahen ihn im Geist vollends entgleisen, und milde Physikater sprachen über ihm von vererbter Haltlosigkeit; Onkeln und Tanten sahen mit ihren geistigen Augen den Neffen hinter dicken Gitterstäben.
Und was ist er heute?
Fabrikdirektor!
Ausser ihm weist die Fabrik zwar nur noch einen Arbeiter und ein Bürofräulein auf. – Aber immerhin, er ist ein Mann des Erfolges.
Ja, so steht es heute mit ihm, ihr Lehrer, Physikater, Onkeln und Tanten! Merkt euch das und lasst euch gesagt sein, dass die grosse Hoffnung von Eduards Familie, sein Bruder, der nie einen Streich

verübte, nie eine Fensterscheibe krümmte, nie eine Zigarette rauchte, im zarten Alter von drei Jahren gestorben ist.

Der Fritzeli aber steht aufrecht wie eine Tanne. – Apropos Fritzeli: Glaube du, lieber Leser, wegen seines Namens nur ja nicht, das sei nur so ein Jammerläppchen von einem Männlein. Der Fritzeli wiegt in seinen schlechten Tagen 98 Kilo. Noch heute in seinem hohen Alter.

Er ist ein Held. Das erfuhren wir bald einmal, denn begeistert lud er uns schüchterne Knaben für ein paar Tage zu sich ein, und am Kaminfeuer spielte er uns abends auf seinem Handörgelchen und erzählte uns aus jener Zeit, wo sich die Jugend noch auf Streiche verstand: Wie sie zum Beispiel im Monbijou ein Tram und ein andermal einen Commestibler zum Entgleisen brachten. Er erzählte, wie er in späteren Jahren als Skilehrer in den Saanenmöösern die Einheitstechnik erfand; wie er hierauf in England Steuermann und Schiggen lernte; und wie er anschliessend in London ohne Vorkenntnisse Kinooperateur wurde, so dass das staunende Publikum jeweilen den ersten, dann den vierten, hierauf den dritten und zuletzt den zweiten Akt zu Gesicht bekam, weil er hinten oft die Rollen verwechselte. – Diese Reihenfolge muss manchmal sehr spannend gewesen sein: Einmal habe der Film mit einem Kuss begonnen, und erst drei Minuten vor Schluss habe dann der Held die Liebeserklärung nachgeholt, und die Kritiker schrieben, in jenem Kinotheater sei ein herrlicher Film zu sehen: So ganz modern und ohne allen Zusammenhang. Es war ein Bombenerfolg.

Ueber diesem Erzählen war es spät und später geworden, aber wir hätten freiwillig unsere Bärte durchs Tischblatt wachsen lassen, wenn nicht der Bäschteli, dieser Säugling, plötzlich schlafend vom Stuhl gefallen wäre.

So erhoben wir uns denn notgedrungen, und der Fritzeli, der im obersten Stock einer feudalen Mietkaserne wohnt, wollte uns hinauf in die Mansarde geleiten.

Zu diesem Zweck musste er mit uns ins Treppenhaus. Es war ungefähr eine halbe Stunde nach Mitternacht.

– – Und draussen im Gang begann es, das grosse, das grösste und beinahe das schönste, aber am Ende das schrecklichste Abenteuer unseres Lebens.

Im Treppenhaus empfing uns nämlich ein beizender Rauch, und sogleich ahnten wir, dass uns das gnädige Schicksal eine echte Feuersbrunst in die Hände gespielt hatte.

In diesen kritischen Augenblicken zeigte sich der Fritzeli in seiner ganzen alten, überragenden Grösse! Kühn stieg er mit uns von Stockwerk zu Stockwerk durch das schlafende Haus hinunter. Leider wurde der Rauch gegen das Parterre hin immer dünner, und das rührte daher, dass Rauch nach oben steigt.

Aber immerhin, Rauch blieb Rauch, und wir wandten unsere Aufmerksamkeit dem Keller zu, aus dem er offensichtlich kam.

Und richtig, dort unten fanden wir den Herd. Wir betraten einen jener modernen Zementkeller mit den vielen Türen für die einzelnen Parteien, und aus einer dieser Türen drang ein feiner Rauch, der den Rahmen schon ein wenig geschwärzt hatte.

Der Fritzeli riss die Türe auf.

Eine Sekunde blieb alles dunkel, aber dann plötzlich – wwumm – loderte drinnen ein richtiger Brand auf, sobald genügend Luft hereingedrungen war.

Misslich war bloss, dass er sogleich wieder erstickte, wenn man den Raum wieder verschloss: Dann schwelte es aus Sauerstoffmangel bloss noch weiter.

Es war für uns daher nicht leicht, das Feuer richtig zu regulieren.

Der Fritzeli bewahrte vollkommene Ruhe. Sachlich stellte er fest: Weder für Leben noch für Gut bestehe die geringste Gefahr, denn in jenem Abteil seien nur Buchenscheiter ohne namhaften Wert gestapelt, und der übrige Keller sei aus handfestem Beton.

Nachdem wir uns an dieser Sache fast eine halbe Stunde herrlich amüsiert hatten, dachten wir Anfänger allgemach ans Löschen und wollten dem Brandherd mit Wasser zu Leibe rücken.

Aber der Fritzeli, nun ganz in seinem Element, war strikte dagegen. So mache man das nicht. Das sei nicht fachgemäss.

Ohne jede Eile führte er uns wieder in seine Wohnung hinauf, öffnete seinen Schrank und überreichte einem jeden von uns einen französischen Stahlhelm, den er aus dem letzten Krieg gerettet hatte.

Von nun an sahen wir schon viel gefährlicher aus, und mit Stolz in der Brust kehrten wir in den Keller zurück.

Wir sahen sofort: Eile war nun geboten, denn wenn wir nicht sofort einschritten, drohte der Brand vollends zu ersticken. Weil einem nicht jedes Jahr eine solche Occasion in den Schoss fällt, beschloss der Kriegs- oder besser gesagt der Feuerrat, die Sache auszubauen.

Wo Ruhm winke, da dürfe man nicht müssig bleiben, belehrte uns der Fritzeli.

Wagemutig öffnete er die gebräunte Kellertür so lange, bis ihm seine Augenbrauen fehlten, und der Erfolg wäre uns bei einem Haar über den Kopf gewachsen.

Mit letzter Anstrengung warf er die Türe ins Schloss.

Ungefähr eine weitere halbe Stunde hielten wir auf diese Weise mit Oeffnen und Schliessen Feuerwache, bis der Fritzeli den Beginn des zweiten Aktes für gekommen hielt.

Im Treppenhaus war der Rauch nun wirklich aufsehenerregend, und wir keuchten von Etage zu Etage. Wir läuteten an jeder Wohnungstüre, und wenn Nachtkappen verschlafen und erschrocken öffneten, so erklärte der Fritzeli ein jedes Mal mit fester, ruhiger und entschlossener Stimme, das Haus stehe in Brand.

Wie manche Wohnungstüre aufging, so mancher Schrei erfolgte, und ohne Zweifel hätten diese Gestalten in ihrem Négligé sogleich begonnen, kopflos ihre Büffets aus dem Fenster zu stürzen, aber jedesmal fiel ihnen der Fritzeli ins Wort und sagte ihnen besänftigend, sie ständen für den Augenblick unter seinem Kommando, und er werde alles unternehmen, um Nutzen zu fördern und Schaden zu wenden. Zu Panik sei kein Anlass. Eine wackere Helferschar (damit meinte er uns), halte das Feuer in Schach. Alles hänge jetzt vom ruhigen Blut ab. Es sei vorderhand nichts zu tun, als die Kostbarkeiten griffnahe zu legen, um im Falle erhöhten Ernstes das Haus ohne Verlust räumen zu können.

Und wirklich, der Fritzeli brachte es zustande, dass die Heulkrämpfe verstummten, und eine wohltuende Besonnenheit verbreitete sich vor ihm her von Stockwerk zu Stockwerk.

Eine Meisterleistung ohne gleichen!

Da dieses Traktandum nun erledigt war, stürzten wir uns in unseren Stahlhelmen erneut kellerwärts und sorgten dort massvoll für Sauerstoff, bis es uns endlich schien, nun sei der Spass so gut als irgend möglich ausgekostet, aber der Fritzeli erwiderte darauf mit Stolz und ein wenig Verachtung:

«Nein, im Gegenteil! Erst jetzt wird es langsam Zeit für das Schlussbukett.»

Noch einmal begab er sich mit uns zu seiner Wohnung, machte Licht, räkelte sich in seinem Fauteuil, zückte geniesserisch das Telefonbuch und wählte die Feuerwehr.

Kaum meldete sich jemand am anderen Ende, da brüllte der Fritzeli, als rufe er aus einem Flammenmeer heraus:

«Es brennt an der Klosbachstrasse hundertvierundfünfzig!»

Und schon hatte er, ohne eine Antwort abzuwarten, aufgehängt. Zugleich drückte er auf den Knopf seiner Stoppuhr, und dann gab er uns die Erklärung ab, dieser Anruf sei für die zürcherische Feuerwehr ein gefundenes Fressen, denn in der Kaserne langweilen sich die Mannen des Nachts fast zu Tode, denn schlafen sei ihnen verboten. Eine kleine Abwechslung sei ihnen zu gönnen.

Und dann stiegen wir auf die Strasse hinunter, um den Aufmarsch mitzuerleben. Einzig der Eduard wurde hinuntergdelegiert, um das Feuer zu unterhalten.

Wir warteten.

Im Laufe der Minuten wurde mir bang und bänger.

Diese Affäre hatte ein Ausmass angenommen, das meinen Bedarf überstieg, und ich fragte mich, wie das wohl enden werde.

Als einziger unter uns blieb der Fritzeli seelenruhig und verfolgte ungerührt den Lauf des Zeigers, runzelte nach einer Weile die Stirn und brummte etwas von Schlamperei.

Und dann, dann kamen sie!

Ganz unten am Abhang sah man einen Scheinwerfer um die Ecke biegen.

Dann einen zweiten. – Einen dritten. – Einen vierten. Einen fünften!

Befriedigt stellte der Fritzeli fest:

«Das halbe ständige Brandcorps.»

Mit mindestens achzig schnaufte die Kolonne den Berg herauf. Schon von weitem konnte man zu vorderst den Mannschaftswagen sehen: Dreissig Feuerwehrleute auf dem Trittbrett zum Abspringen bereit. Dahinter die Motorspritze. Dann ein Leiterwagen. Eine zweite Motorspritze, und zuletzt, wie sich später zeigte, ein Polizeiauto.

Ohne dass ein einziges Wort geredet wurde, sprangen sämtliche Mann zu gleicher Zeit ab. Die Bremsen zischten, und schon standen die einen beim Hydranten, die anderen verlegten Schläuche, die Dritten standen an der Spritze, die Vierten kurbelten die Leiter hoch, und die letzten drei Mann rannten mit Schaumlöschapparaten hinter dem Fritzeli in den Keller. Wir folgten zögernd nach.

Unten angekommen, besichtigten sie die Sache, schienen mehr als nur enttäuscht, suchten die Waschküche auf, holten einen Gartenschlauch und löschten in weniger als einer halben Minute den Brand, der aus einer Scheiterbeige bestand, neben welche jemand unvorsichtigerweise eine Aschenschublade gestellt hatte.

Die verkohlten Hölzer luden die Männer in einen Waschzuber und stellten ihn draussen in den Trog, und schon war die ganze Sache aus!

Ich freilich sah uns unausweichlich einer Katastrophe entgegentreiben, zum allermindesten in eine gesalzene Feuerwehrrechnung.

Aber da zeigte sich der Fritzeli noch einmal in seiner überragenden Grösse, so dass wir daneben zu reinen Stümpern herabsanken:
Als wäre er über jeden Zweifel erhaben, fragte er streng nach dem Kommandanten.
Der trat vor und meldete sich, als stehe er vor seinem Vorgesetzten.
«Bühler», stellte sich Fritzeli wichtig vor, reichte seinem Gegenüber ernst die Hand, aber dann wurde sein Angesicht herb. Er zog seine Uhr und stellte laut und deutlich fest, von seinem Anruf bis zum Eintreffen der Feuerwehr habe es achteinhalb Minuten gedauert. Das seien zwei zu viel.
«Was hätte in der Zwischenzeit nicht alles geschehen können?» fragte er.
Der Kommandant nöckelte etwas, stammelte eine Entschuldigung und fragte dann, wer das Feuer entdeckt und die Brandwache alarmiert habe.
Nun kommt die Abfuhr, dachte ich mir.
Aber nein, im Gegenteil! Auf die Frage des Kommandanten lehnte sich der Fritzeli Bühler stolz in sein hohles Kreuz, blickte in die Runde und zeigte so strahlend auf sich selbst und auf uns, dass man meinen konnte, wir hätten durch unsere Achtsamkeit soeben Millionenwerte gerettet.
Und siehe, diese stolze Haltung wirkte: Stumm gab uns der Feuerwehrhauptmann die Hand, sah uns fest unter den Stahlhelmen, durch in unsere Augen, und schon meinten wir, um das schönste Ereignis unseres Lebens reicher geworden zu sein, als etwas unbeschreiblich Schreckliches dazwischentrat!
Ein Polizist – offenbar höheren Grades – betrat den Raum zwecks Abklärung der Brandursache, und das verwunderte uns im ersten Augenblick keineswegs.
Als ich ihn aber näher besah, da stand ich wie vom Donner gerührt!
Der Polizist sah sich nicht erst im Keller um, sondern trat schnurgerade auf den Fritzeli zu, legte die Hand an die Mütze und sagte:

«Bühler.»
«Stimmt», entgegnete der Fritzeli. «Woher kennen Sie mich?»
«Ich kenne Sie nicht», antwortete der andere und setzte noch einmal an:
«Bühler!» wiederholte der Polizist, ein wenig unwirsch.
«Fritz Bühler», bestätigte der Fritzeli, und nun war der Polizist nicht wenig erstaunt.
«Woher wissen Sie das?» gab er zurück, und nun nahm das Gespräch einen Verlauf, der allen Anwesenden ausser dem Bäschteli, dem Wrigley, dem Eduard und mir recht rätselhaft erschien, und dieses «Bühler, Bühler, Fritz Bühler» nahm so lange seinen Fortgang, bis die beiden ihre Namensbrüderschaft erkannten und einander lachend die Hände schüttelten.
Uns war es wahrlich nicht ums Lachen, denn, lieber Leser, du wirst ja längstens herausgefunden haben, dass uns ein übles Geschick im unseligsten Moment Armands Vater ein zweites Mal beschert hatte.
Ach, wir vereinigten Unglücksraben!
Warum, so fragte ich, musste dieser andere Fritz ausgerechnet Polizeileutnant sein? Warum musste er ausgerechnet heute Nachtdienst haben? Und warum musste er ausgerechnet diesen Brandrapport aufnehmen?
Ich muss bekennen: Während des ganzen Zwiegesprächs der beiden Fritze standen wir auf einen Fleck gebannt, als blicke uns eine Klapperschlange ins Gesicht, und unendlich lange schien es zu dauern, bis Armands Vater sich nach uns umkehrte, stutzte, uns unter die Helme sah und den Kiefer hängen liess.
Herr Bühler blickte von einem zum anderen, als wollte er es noch immer nicht glauben, und dann sagte er zum Wrigley:
«Du, Eberhard?»
«Und du, Peter?»
«Und du Emil, und du Anton!? Wie kommt denn ihr hierher?»
Nun war aber das Staunen am Fritzeli, der längstens gesehen hatte, wie unliebsam wir uns unter den Augen des anderen Bühlers

veränderten, es aber nicht fassen konnte, als er unsere neuen Namen hörte.
Was nun geschah, erlebte ich nur durch den Schleier einer halben Ohnmacht. Erklären half nichts mehr. Dazu waren wir auch gar nicht imstande. Ich weiss nur noch, dass der Vater Armands uns unsere Namen natürlich nicht mehr glaubte, aber auch der Fritzeli misstraute ihnen, und zwar den echten. Wir wurden unserer Ehrlichkeit zum Trotz für Landstreicher gehalten, und zur Abklärung unserer wahren Personalien nahm uns der Polizeileutnant Bühler mit auf den Posten. Der Abschied vom wirklichen Fritzeli war unsagbar. Die Fahrt mit dem enttäuschten anderen Fritz unbeschreiblich, denn er schwieg und sagte bloss ein einziges Mal hinter seinem Steuerrad:
«Und ich habe euch so geliebt.»
Auf dem Posten wurden Protokolle aufgenommen. Unsere Eltern waren vor Sonnenaufgang telefonisch informiert. Und, damit wir nicht noch einmal durch die Binsen gingen, spedierte man unsere Räder mit dem Zug und setzte uns absprungsicher in ein Abteil des Leichtschnellzuges ohne Anhalt in Olten. Mit einem Wort: Das Leben ist hart. Hütet euch vor ihm!

Damals, als wir heimwärts zogen

Wenn man in einem Zug sitzt, der einen ohne Anhalt den schnaubenden Eltern entgegentreibt, dann ist das ein ähnliches Gefühl, wie in einem Auto, kurz vor dem Zusammenstoss. Wohl dem, der sich noch überlegt, wie er den Anprall lindern könnte.

Das taten wir von Zürich bis Aarau. Der Wrigley hielt uns eine Rede über unsere Unschuld, und das brachte uns auf eine Idee: Auch frühere Christen, lange Zeit vor uns, mussten ohne Schuld unter Verfolgung leiden, und in solchen Augenblicken halfen sie sich damit, dass sie Märtyrer wurden. Der Wrigley sagte, das mache alles viel leichter und erst noch berühmt. Zum Beispiel der Oekolumban, den sie in den Löwenkäfig führten, sei bis in unsere Tage unvergessen.

Märtyrer werden sei gar nicht so schwer. Bedingung sei bloss: Man dürfe sich nicht wehren, was auch komme. Das verwirre den Gegner. Mit stummen Duldern sei gar nicht so leicht fertig zu werden, wie man meinen könnte.

Um stumm zu dulden, müsse man nämlich nur den Blick umfloren und sehr ernst lächeln. Wenn wir das nun eine Stunde lang übten, so seien wir für Bern gewappnet.

Der Wrigley zeigte es uns, wie man es macht: Er schlug ganz langsam und demütig die Augen auf, und wir brachten es zu einer gewissen Fertigkeit und wären vermutlich unsere Sorgen losgeworden, wäre nicht etwas Widriges dazwischengetreten:

Kurz nach dem Tunnel vor Aarburg überkam den Wrigley das Glucksen, oder wie man bei den Deutschen sagt: Der Schluckauf. Dieses Gebrechen war im jetzigen Augenblick sehr fehl am Platz, denn jedesmal, wenn der Wrigley die Augenlieder in stummem

Leiden langsam hob, machte er: «Hucks», und das nahm der Sache irgendwie den nötigen Ernst.
Deshalb versuchten wir ihn sorgenvoll zu heilen.
Zuerst probierten wir es mit den einschlägigen Mittelchen: Der Wrigley musste die Ohren zuhalten und siebenmal ohne zu atmen schlucken; dann musste er mit der rechten Hand die linke Schuhsohle ergreifen und ein sogenanntes sinnbildliches Kreuz darauf zeichnen; dann gurgelte er mit unverdünntem «Dr. Baldeggers Mundwasser» aus Bäschtelis Riesenapotheke, aber das würgte ihn derart, dass er sich fast ins Halszäpfchen biss, und dann riet der Eduard: Am besten wirke zehn Minuten Handstand.
Der Wrigley probierte auch das. Wir hielten ihn oben so lange an den Schuhen, bis er unten violett war, dann stand er auf, wartete eine Weile, blieb still, und nach weiterer Probezeit fing er an zu strahlen und rief:
«Es ist wegge – hucks!»
Und schon war es wieder beim alten.
Und er gluckste in Langenthal, er gluckste in Burgdorf. Er gluckste in Zollikofen, und das erste, was er in Bern mit ernstlächelnder Duldermiene unseren Eltern sagte, war ein läppisches:
«Hupp!»
Was wunder, als uns die empörte Verwandtschaft den Märtyrer trotz unseres Augenaufschlags nicht abkaufte.
Die vereinigten Väter versicherten uns, jetzt hätten sie genug von uns, und es bleibe ihnen nichts anderes übrig, als noch heute den Kontakt mit einer Besserungsanstalt aufzunehmen. Bloss Bäschtelis Vater neigte beim Anblick seines Söhnchens zur Milde, und auf seine Fürsprache hin beschloss der Elternrat, unsere Einweisung zu verschieben und uns Gelegenheit zu geben, auf dem Weg der Tugend zu wandeln. Die Bedingungen waren

hart und grausam, aber wie immer fügten wir uns und taten unser Bestes.

Der Wrigley zum Beispiel war entschlossen, auf Tante Melanies Zither Stunden zu nehmen, jener Zither, die in ihrem Schranke vom Verblichenen her stand, und mit welcher wir in Stunden, wo sie nicht zu Hause war, hin und wieder Brotklümpchen zur Decke gespickt hatten.

Der Eduard beabsichtigte, seine freien Stunden mit einer Kakteenzucht sinnvoll auszufüllen.

Der Bäschteli war ohne uns sowieso ungefährlich und brauchte keine tugendhafte Ablenkung.

Auch ich ging in mich und entschloss mich auf Wrigleys Rat, ein Buch zu schreiben. Ein sehr, sehr ernstes mit dem schönen Titel: «Werde alt! Jungsein ist mühsam.»

Du siehst, lieber Leser, wir hatten lobenswerte Absichten im Kopf, aber schon der blosse Anfang war schwer.

Der Wrigley nämlich wurde sein Glucksen nicht los!

Es verfolgte ihn den ganzen Abend, es rüttelte ihn die ganze Nacht, und am ersten Schultag erschien er mit schwarzen Ringen unter den Augen in der Klasse. Als ihn die anderen fragten, was mit ihm sei, da antwortete er, es sei ganz grässlich, huck. Er habe die ganze Nacht kein Auge, gluggs, zugetan. und kein Mittel, hipp, könne ihm helfen.

Jeder rechtdenkende Mensch sah ihm an, wie er litt.

Bloss der Herr Klameth, unser Deutschlehrer, nicht.

Noch keine fünf Male hatte der Wrigley unfreiwillig Laut gegeben, da fragte der Klameth, wer da hinten Schabernack treibe. Der Wrigley rief empört:

«Herr Klameth, das ist kein Schaberhucks, sondern eine schwere Krankhiggs!»

Doch kaum hatte er diesen Satz geprägt, warf ihn der Lehrer unbesehen vor die Tür.

Auch die nächsten zwei Lehrer am selben Vormittag erkannten nicht die Tiefe seines Leidens, und erst, als der Klameth mit uns die letzte Stunde hielt, kam er ob Wrigleys Hartnäckigkeit auf den Gedanken, es könnte etwas an der Sache sein. Nicht dass ihn dieser Gedanke zum Erbarmen reizte. So etwas gehört nicht zum Lehrerberuf. Wohl aber schickte er ihn zum Schularzt mit der Bemerkung, man wolle doch einmal sehen, was dem Früchtchen fehle.

Und so begleiteten wir den halbtoten Wrigley am schulfreien Nachmittag aufs Schularztamt an der Bundesgasse. Wir mussten eine Stunde lang warten.

Ich muss sagen, in einem solchen Wartezimmer, wo es so sehr nach Vergänglichkeit und nach Naphtalin riecht, wird der stärkste Mann krank. Auch wir Begleiter fühlten uns schwach und schwächer werden, besonders als eine dicke Frau mit ihrem Buben auf dem Schoss für Wrigleys Leiden Interesse zeigte und sagte:

Mit so etwas sei nicht zu spassen. Der Schluckauf sei zwar nichts. Wenn er aber Tage dauere, dann lasse das auf einen Gehirntumor schliessen. Hin und wieder könne eine zwölfstündige Operation noch helfen, aber meistens sei es schon zu spät.

So schwatzte sie – man kann schon sagen: Auf fruchtbarem Boden! Der Wrigley begann zu zittern, tastete sich den Kopf ab, schluckte und würgte und fragte, ob denn gar kein Mittel mehr helfen könne.

Ueber diesem Bangen und Fragen geschah etwas Unerhörtes: Das Glucksen hörte auf! Nicht nur für eine Minute, sondern für immer! Ich muss schon sagen, im blödesten Augenblick, denn trotzdem der Wrigley vor Freude glänzte, ahnte ich Böses.

Richtig, da ging auch schon die Türe des Untersuchungszimmers auf, und der Wrigley wurde hereingerufen, und erst jetzt merkte auch er, dass seine Heilung mindestens eine Viertelstunde zu früh erfolgt war.

Mit blödem Ausdruck ging er hinein; mit noch blöderem aber kam er bald darauf heraus, denn in der Hand hielt er ein Arztzeugnis, das er dem Herrn Klameth zu überreichen hatte, und

man konnte sich ausdenken, was der Schularzt über dieses schwere Glucksen geschrieben hatte.
Wie sollten wir uns mit diesem Papier in der Schule wieder zeigen? Wie sollten wir uns vor diesen Klameth stellen? Sorgenschwer

Lieber Leser! Mit Verwunderung stellst du fest, dass dieser Roman mitten im Satz ein jähes Ende nimmt. Du kannst nicht erraten warum. Du kannst mit keiner Einfühlungsgabe dahinterkommen, was mir die Feder so barsch aus der Hand geschlagen hat.
Lass dir die Katastrophe erklären:
Auf der ersten Seite habe ich geschrieben, ich sei dreizehn Jahre alt.
Das stimmt leider nicht mehr: Übermorgen werde ich vierzehn!
So lange habe ich an diesem Buch geschrieben. Ich rate dir: Schreibe nur ja nie ein Buch! Du bekommst nicht nur den Krampf in der Hand. Nein, du verdüsterst dir noch deinen Alltag.
Ein Jahr lang haben mir der Wrigley und der Eduard eingeblasen, ich solle schreiben und schreiben. Ich sei das der Menschheit und der leidenden Jugend schuldig. Ich werde berühmt. – Aber ich merke mehr und mehr:
Der Wrigley wollte berühmt werden! – Weil er es bitter nötig hat. Wenn er es nicht bald wird, so geht er unter ohne Sang und Klang. Denn wiederum droht die Promotion. Und wenn er fliegt, so will er zum wenigsten ein Romanheld sein.
Also, ich habe geschrieben. Von Schweiss zu Schweiss. Alle die bitteren Tragödien habe ich zu Papier gebracht, wie man dem sagt.
Aber schliesslich, man ist auch nur ein Mensch. Wer will mir zu-

muten, am Tisch zu sitzen, während der Wrigley, der Eduard und der Bäschteli der Freiheit huldigen? Darum erfand ich nach einem halben Jahr ein neues System: Ich fing an, in der Schule zu schreiben. Besonders während der Stunden des Klameth, unseres Deutschlehrers. Der ist ja kurzsichtig. Und verfehlt habe ich inzwischen wahrhaftig nicht viel. Ich möchte wetten, dieses Buch wäre fertig geworden, ohne jene Katastrophe vor zwei Wochen.

Damals sass ich also und schrieb just von jenem Glucksen des Wrigley, während vorne Herr Klameth der Klasse den Erlkönig verleidete. Da fiel plötzlich ein Schatten auf das Papier, und wie ich nachsehe, blicke ich in das Gesicht des Klameth.

Kein Wort!

Bloss ein Griff nach dem Buch, ein Hieb und ein Wurf vor die Türe.

Aus, fertig!

Herr Klameth hatte meine ganze, mühevolle Handschrift beschlagnahmt, und die Folgen konnte ich mir ausdenken, weil ja dieser Deutschlehrer auch ein weniges abbekommen hat in diesem Buch.

Ist das nicht tragisch, lieber Leser?

Du kannst dir nicht denken, wie schwer die letzten vierzehn Tage geworden sind. In einem fort musste ich damit rechnen, vor den Rektor bestellt zu werden, und immer suchte ich in der Erinnerung zusammen, was alles ich eigentlich geschrieben hatte, was mir schaden konnte.

Aber stille blieb's. Herr Klameth tat, als wäre nichts passiert. Vermutlich hatte er den Roman im Papierkorb versenkt. Das beruhigte mich schon ein wenig, und ich begann, mich in meinem Leben nach anderen tugendhaften Beschäftigungen umzusehen, da lag eines Nachmittags im Briefkasten ein umfangreiches gelbes Couvert mit meiner Adresse. – Wie ich es auftue, ist es meine Handschrift!

Obenauf liegt ein Brief vom Herrn Klameth.

Mit Zittern öffne und lese ich ihn. Lieber Leser, hier ist er:

August Klameth
Gymnasiallehrer
Cäcilienstrasse 55
Bern

                                              Bern, am 13. Mai 1955

Herrn Pfister Eugen,
Herrengasse 9
Bern

Lieber Eugen!

Nicht mit Sicherheit wissend, ob Du diese Zeilen wert bist, setze ich mich hin und schreibe Dir folgendes:
Dein Geschreibsel, das Du wider alle Schulordnung während des Unterrichts verfertigt hast, schicke ich Dir zurück. Ich habe mir allerdings überlegt, ob ich es nicht seines absurden Inhaltes wegen dem Papierkorb übergeben sollte, doch bin ich aus erzieherischen Gründen übereingekommen, es Dir zuzustellen und Dir dazu die nötigen Randbemerkungen zu machen.
Grundsätzlich ist zu sagen, dass ich als Deutschlehrer alle schriftstellerischen Bemühungen meiner Zöglinge begrüsse und fördere. Nicht aber, wenn dazu meine Deutschstunden missbraucht werden. Meine Empörung über diesen Umstand wirst Du vermutlich Deiner Zeugnisnote entnehmen können.
Wenn nicht alles trügt, hast Du Dir in den Kopf gesetzt, ein Buch zu verfertigen, wie es die Erwachsenen tun. Ein Buch indessen erfordert Reife, Geist, Können und dichterische Sprache. Das alles geht Dir vorderhand – und wahrscheinlich Zeit deines Lebens – ab. Auf den betrüblichen Inhalt will ich vorerst nicht eingehen.
Vorab sei Dir folgendes gesagt:
Erstens: Die Sprache ist ungenügend. Nicht einmal als Schüler-

aufsatz tauglich. Du kannst die ungezählten Fehler selber nachsuchen. Ich habe sie am Rande rot angestrichen. Aber immerhin einige krasse Beispiele: Man schreibt nicht «Kronsequenzen», sondern «Konsequenzen». Es sollte Dir nicht unbekannt sein, dass das Wort aus dem lateinischen «consequor» stammt. Man schreibt nicht Hyschiene, sondern Hygiene. Oder, was inhaltliche Unrichtigkeiten betrifft: Den Schillerstein hat nicht Schiller gestiftet, sondern zu Ehren des Dichterfürsten hat man den ragenden Fels am Urnersee mit einer Inschrift versehen.

Das nur drei kleine Beispiele aus einer Legion von schlimmen Mustern. Dein ganzes Geschreibsel verrät mir, wie unaufmerksam Du dem Unterricht – nicht nur bei mir – gefolgt bist. Du tust Deiner Schule wenig Ehre.

Ich habe für poetische Ergüsse Jugendlicher volles Verständnis. Ich bin jederzeit bereit, ein Auge zuzudrücken. Leider machst Du mir das sehr schwer. Denn sieh, ich kann Dir nun auch nicht mein schweres Missfallen am Inhalt verhehlen. Du bildest Dir offenbar ein, humorvoll zu sein. Humor ist aber etwas anderes, als eine läppische Anhäufung kindischer Bosheiten. Humor ist etwas feines, zartes, herzerquickendes. Davon finde ich in Deinem sogenannten Buch nicht eine Spur. Herunterreissen und lächerlich machen, was andere mit Ehrfurcht erfüllt, ist weder lustig, noch humorvoll. Du findest offenbar die Besteigung des Telegraphendenkmals komisch. Ich nicht. Du findest Gefallen daran, das Sinnbild der Eidgenossenschaft, die Helvetia, in den Dreck zu ziehen. Du hältst es für einen guten Witz, das historische Museum an seinem Eigentum zu schädigen. Das – Ungezähltes mehr – verrät mir eine niedrige Gesinnung. Nichts ist Dir zu erhaben, als dass Du nicht daran Deinen Sport übtest. Deine diversen Bemerkungen über Werke der bildenden Kunst und der Dichtung empfinde ich nicht als Deutschlehrer, sondern als Jünger der Musen beleidigend.

Nun gibt es aber noch zwei Dinge, die mich ganz besonders treffen: Erstens: Mich erschreckt Deine Ehrfurchtslosigkeit gegen-

über älteren Leuten, und besonders gegen die Eltern. Sie, die Dich gehegt und gepflegt, umsorgt und genährt haben, verdienen eine andere Einstellung. Für Eure alles andere als komischen Lumpenstücklein macht Ihr unentwegt die ältere Generation verantwortlich. Eugen, ich erinnere Dich an Deinen Herrn Vater. Ich kenne ihn aus jüngeren Tagen und verehre ihn. Was wärest Du ohne ihn? – Auch Deiner Tante bin ich mehrfach begegnet, und ich muss schon sagen: Was Du Dir ihr gegenüber herausnimmst, zeugt von einer beklagenswerten Missachtung der Würde des Alters. Verstehe mich recht: Nicht dass ich gelegentliche Entgleisungen in allerhand Lausbübereien nicht verzeihen könnte. Man ist schliesslich auch einmal jung gewesen. Aber, wie man sagt: «C'est le ton, qui fait la musique.» Es geht Dir und Deinen sauberen Kumpanen alle Achtung vor höheren Werten ab. Käme ein solches Machwerk wie das Deinige unter die Leute, so hülfe es ein Stück weiter auf dem Weg der modernen Sittenverderbnis.
Und endlich, was Deine Einstellung zur Lehrerschaft betrifft. Du wirst Dir im klaren sein, dass Deine diesbezüglichen Auslassungen genügen würden, um – vor die Lehrerkonferenz gebracht – Deiner Laufbahn in unserer Schule ein Ende zu setzen. Um Dir zu beweisen, wie sehr Du Dich in bezug auf unsereinen irrst, erkläre ich Dir, dass ich das Gelesene für mich behalten werde. Wir sind vielleicht doch grosszügiger, als Du meinst. Ich werde Dich nicht strafen, wie es Dir eigentlich gehörte. Eines aber kann ich Dir nicht ersparen: Lieber Eugen, was Du über mich und meine Kollegen schreibst, stimmt mich traurig. Sind wir wirklich so, wie Du uns schilderst? – Sind wir wirklich so ohne Verständnis für die Jugend? Muss Dir dieser Brief nicht das Gegenteil beweisen? – Sind nicht auch wir Menschen, die sich redlich bemühen, das Beste zu geben? Sind wir nicht mit Hingabe am Werk, aus Euch Jungen Leute zu machen, die im Leben draussen ihren Mann stellen? Haben wir das verdient, was Du über uns schreibst? Ich frage Dich, Eugen: Bist Du gerecht in Deinem Urteil?
Doch genug solcher Erwägungen. Mehr schreiben hiesse Dei-

nem Geschreibsel zu viel Ehre antun. Zum Schluss lass es Dir von einem Menschen – und ich darf beifügen – von einem älteren Kameraden, der in diesen Dingen über Erfahrung verfügt, noch einmal sagen: Ein Schriftsteller oder ein Dichter bist Du nun einmal nicht und wirst es auch nie sein. Darum: Schuster, bleib bei Deinem Leisten! Sei Du etwas fleissiger und aufmerksamer in der Schule und etwas botmässiger zu Hause, dann ist das eine höhere Leistung, als diese verunglückte Schriftstellerei. Auf Dich passt das, was Wilhelm Busch einst so trefflich gesagt hat: «Wenn einer, der mit Mühe kaum / gekrochen ist auf einen Baum, / schon meint, dass er ein Vogel wär, / so irrt sich der.»
Ich erwarte von Dir in Zukunft ganz andere Leistungen.

Mit freundlichem Gruss trotz allem

bin ich Dein
August Klameth, Gymnasiallehrer

Da liegt dieser Brief also zuoberst auf meinem Buch. Mir ist die Lust am Weiterschreiben vergangen. Alle Mühe war umsonst. Ich bin ein schlechter Mensch mit einer niedrigen Gesinnung.
Das ändert für mich alles.
Und überhaupt, es hat vieles geändert während des Jahres, wo ich schrieb. Der Wrigley zum Beispiel hat denn Stimmbruch bekommen und er sagt, mit uns Säuglingen verkehre er nicht mehr. Er schmiert sein Haar mit Brillantine ein und trägt an seinem Hemd einen Schlips. Ich begreife ihn nicht mehr. Vor drei Tagen zum Beispiel lag auf dem Tisch seine Brieftasche, die er sich zugelegt hat. Was lag darin? So frage ich!
– Eine Photo von einem Mädchen! Und dahinter lag ein Zettel, auf dem in Wrigleys Handschrift zu lesen steht:

181

Wenn ich an deinem Fenster steh
In mondenheller Nacht,
Wünscht' ich, dass ich dich Holde seh,
Drum geb ich stark Obacht.

Das gab mir einen Stich. So also hat sich der Wrigley verändert. Aus dem Buch wird nichts.

Hochdeutscher Sprachführer zum Eugen

O du mein lieber hochdeutscher Leser!
Gestern schreibt mir mein Verleger einen Brief: «Lieber Eugen», so schreibt er, «die Menschheit versteht leider Dein Buch nicht. Wenigstens die hochdeutsche Menschheit. Bloss wegen Deiner häufigen Rückfälle in die Schweizer Mundart. So korrigiere Du nun all die rot angestrichenen Fehler und übertrage sie in rechtes Deutsch. Ich lege Dir zu diesem Zweck einen Duden bei. Das ist ein Wörterbuch, in dem alles drinsteht, was deutsch ist. Viele Grüsse von Deinem Verlag.»
So, da haben wir's! Bis vorgestern meinte ich, ich könne deutsch. Der Duden aber hat mir das abgewöhnt. Ich bin ein ganz gewöhnlicher Zulukaffer. Ich habe nämlich besagtes Wörterbuch geöffnet. Wörterbuch, das ist der richtige Ausdruck. Nichts als Wörter, ohne allen Zusammenhang, und grundlangweilig. Ich knöpfte mir die Sache vor und begann gewissenhaft mit Seite eins. Denn ich will deutsch lernen. – Aber lautet da nicht das erste Wort «Aabenraa»! Ich komme ins Grübeln. Vielleicht ist's ein Druckfehler. Probieren wir's mal ganz hinten. Seite 690. – Wissen Sie, womit der deutsche Duden schliesst? – Sie erraten's nicht! Mit: «Zynegetik». Das ist sein letztes Wort. Ich gestehe: Ich kann kein Deutsch nicht, denn für mich Idioten hat der gute Duden das Wort in meine Mundart übersetzt. «Zynegetik», so sagt er, heisst: «Hundeführungskunst»! Nun ist alles klar. Ueberhaupt, diese Worterklärungen sind goldeswert. Mich nimmt zum Beispiel schon lange wunder, was ein Verleger sei. Der Duden hat mich aufgeklärt. «Verlegen», das bedeutet laut Seite

183

634: «Durch langes Liegen verdorben». – Hat der Mann in Zürich wohl im Bett mein Geschreibsel gelesen? – Apropos Geschreibsel. Ob das wohl deutsch ist? – man wird unsicher. Mal nachblättern: «Gej ... Gen ... – Geschühe.» Was heisst nun man das wieder? Geschühe! – Aha, da steht's: «Schuhwerk», so lautet die Umschreibung. Bei uns in der Schweiz sagt man dem Geschühe dumm und trocken «Schuh». Aber was nützt der Schuh, wenn ihn der Deutsche nicht versteht?

Ob wohl alle Menschen im Norden so unverständlich daherreden? Ich musste mir Gewissheit verschaffen und lief heute Morgen in die Stadt und suchte auf der Strasse, bis ich einen Urgermanen fand, versehen mit dem untrüglichen Markenzeichen: Unten Lederhos und oben Gamsbart. Ich steche auf ihn zu und frage ihn schlicht: «Verzeihung, sind Sie ein Deutscher?» – Antwort: «Klar! Hamsewatagechen?» – Voller Schrecken renne ich heim und schlage des Mannes letztes Wort im Duden nach. Der aber schweigt sich aus.

Mit Missmut und dem leichten Verdacht, selbst in Deutschland verstehe man kein rechtes Deutsch, mache ich mich an die Arbeit. Ich will die sogenannten Fehler verbessern: Alles, was der gute Verleger rot angestrichen hat, schön der Reihe nach, Seite für Seite; und jedesmal, wenn Du, hochgeschätzter Leser, *mein* Deutsch nicht verstehst, so blättere in diesem Katalog, und schon wird Dir alles verraten sein, was der Duden dazu meint. Einverstanden? Oder hamsewatagechen?

Anmerkung des Verlages: Die hier gedruckten Übersetzunghilfen stammen von Klaus Schädelin; allerdings wurden sie vom Verlag für die 25. Auflage um einige Einträge ergänzt, die mit einem Gleichheitszeichen (=) gekennzeichnet sind. Zudem wurden einige Dialektworte im Text noch von Schädelin selbst durch hochdeutsche Worte ersetzt, wobei die entsprechenden Einträge im «Sprachführer» seltsamerweise bis zur 24. Auflage stehengeblieben sind. Wenn spätere Rückbezüge dies notwendig machen, ist das mit einem kurzen Hinweis vermerkt.

8 Mitte	*I dangg dr*	Der Satz ist Baseldeutsch. Von dieser Mundart sagt man, sie sei keine Sprache, sondern eine Halskrankheit. «I dangg dr» meint: «Ich danke dir».
9 Mitte	*Bäschteli*	= Verkleinerungsform des Namens Sebastian.
9 Mitte	*für Milchkind*	= stand ursprünglich das berndeutsche Wort «Höseler». Schädelins Kommentar dazu: Steht nicht im Duden. Schade. Seien Sie froh, wenn Sie keiner sind. Denn Höseler ist ein ausgesprochener Angsthase.
9 Mitte	*Tanti*	Tantchen.
10 Mitte	*Sametkutte*	= Überzieher aus Samt.
10 unten	*Subjonctif*	Das ist französisch. Gepriesen seien Sie, wenn Sie der Subjonctif noch nie plagte. Er ist die Möglichkeitsform jener Sprache, ein Quälgeist der Schüler.
11 oben	*trottinettle*	Ich meinte, Trottinett heisse Roller. Unter «Roller» vermerkt aber der Duden, das sei ein männlicher Kanarienvogel. Ein Trottinett ist aber kein Kanarienvogel, sondern ein kleines Zweirad für Kinder, auf dem man sich vorwärts bewegt, indem man mit dem einen Fuss schiebt. Mit dem andern steht man auf dem Trittbrett. Wie das wohl auf Deutsch heissen mag, dies gesegnete Gefährt?
11 unten	*für Dachboden*	stand ursprünglich «Estrich»: Was, das verstehen Sie nicht? Das ist doch das Kinderparadies: Der Dachboden!
12 Mitte	*was der Koblet Mumm nennt*	= Hugo Koblet, Schweizer Radrennfahrer; Mumm = Mut, Energie.
12 unten	*Milch heraufkommen*	= Milch kocht über.
13 Mitte	*Kum abe ... Aber me ka ...*	Leider schon wieder Baseldeutsch. Der Satz bedeutet: «Komm herunter, es ist mir schrecklich unwohl. Man kann rufen,

		es nützt nichts. Sterben könnte man, und es krähte kein Hahn danach.»
13 unten	*Nückerchen*	= Nickerchen, kurzer Schlaf.
15 Mitte	*Schteggnoodle*	Auch mir kaum verständlich. Bei mir zu Hause nennt man das: «Schliessgufe», und in Deutschland «Sicherheitsnadel».
18 Mitte	*Räppler*	oder Rappen: Schweizerische Nachahmung des deutschen Pfennigs.
18 unten	*Güschteli*	Gustav, oder Gustäffchen hiesse der Mann in Ihrem Land.
21 oben	*für verraten*	= stand ursprünglich: verrätschen, Schädelins Kommentar dazu: so etwas wie verraten, bloss noch viel ärger.
21 unten	*Note eins*	In der Schweiz wäre jeder deutsche Schüler ungenügend, denn die beste Zeugnisnote ist bei uns die Sechs. Eine Eins bedeutet für uns schon fast den Untergang.
23 Mitte	*Türfalle*	= Türgriff.
25 oben	*lötiger Teufel*	= reiner, purer Teufel.
26 Mitte	*Zapfen abgejagt*	= ist bei mir der Korken rausgeknallt.
26 unten	*Nuggi*	Schnuller, oder noch gewählter: Lutschbeutel.
30 oben	*selbiges*	= dieses.
32 Mitte	*Bon Marscheh*	= Name eines damaligen Kaufhauses (französisch: für «preisgünstig»).
33 Mitte	*Globi*	Schweizerischer Kanarienvogel (= scherzhaft: Comicsgestalt, ein Vogel, Hauptfigur eines in der Schweiz damals bekannten Bilderbuches.)
33 Mitte	*Adrian von Bubenberg*	Das ist ein bernischer Nationalheld, den wir in der Schule kürzlich auswendig lernen mussten. Er hat mindestens drei Seiten lang eine Stadt verteidigt.
35 unten	*müpfen*	stossen.
42 oben	*Spargementer*	Ich weiss keine deutsche Übersetzung. Quälen Sie sich aber nicht lange. Machen

		Sie keine Spargementen, sondern lesen Sie weiter.
42 unten	*ranggen*	Ungeduldig hin- und herrutschen.
43 oben	*Franzbuch*	= Französischlehrbuch.
43 Mitte	*verrätschen*	Wissen Sie's noch immer nicht? Lesen Sie bitte Seite 21 Mitte nach und behalten Sie's dann im Kopf!
44 oben	*aufgeschnitten*	= geprahlt.
44 Mitte	*bekam den Schlotter*	= er bekam Angst, kam ins Schlottern.
44 Mitte	*Trottinett*	Lesen Sie aufmerksam Anmerkung zu Seite 11 oben.
45 unten	*unschafflich*	ungeheuer.
47 oben	*Höseler*	Zurück, marsch, marsch, zu Anmerkung Milchkind Seite 9 Mitte.
47 unten	*Schinter*	= der Teufel.
49 unten	*Versorgen*	= ins Gefängnis stecken.
53 unten	*es rünnt*	Es war undicht.
54 oben	*verhühnert*	= verwirrt, verdattert.
58 oben	*Fünf oder sechs*	Blättern Sie gefälligst zu Anmerkung Seite 21 unten.
58 oben	*Marmel*	Oder sagt man «Marbel», oder gar «Murmel»?
60 unten	*Schulreise ... zu gut haben*	= Schulausflug, auf den wir noch ein Anrecht hatten.
61 unten	*tünkelte*	= liess ihn untertauchen.
61 unten	*Pläterlein*	kleine Blasen.
62 Mitte	*rätig*	= einig.
63 oben	*Bobo*	nichtige Schramme.
64 oben	*Promotion*	das Gefährlichste auf Erden: Nämlich die Beförderung in die obere Schulklasse am Ende des Schuljahrs.
66 Mitte	*Eiss*	= Abzess, Wunde.
67 oben	*Duvetanzug*	Überzug des Deckbetts.
69 Mitte	*ebeneswegs*	= geradeaus.
71 oben	*Gohl*	= Goal, Tor.
72 oben	*Lavabo*	Waschschüssel.

72 unten	*Tipp*	unumgängliche Schweizer Sportzeitung (existiert heute nicht mehr).
75 Mitte	*schiggen*	Ich rate Ihnen davon ab. Auch Sie fallen sonst in Ohnmacht. Es ist nämlich unser Ausdruck für Tabakkauen.
77 unten	*Referie*	Schiedsrichter.
82 oben	*verstöbert*	= verwirrt, sprachlos.
84 oben	*plagieren*	= angeben.
87 unten	*habe er ihn ... auf der Latte*	= jemanden nicht mögen.
105 unten	*Vaterländischer Sennenkuss*	Sollten Sie einst Ihren innigsten Feind derart ohrfeigen, dass er bis hinter der Horizont kollert, dann haben Sie ihm einen vaterländischen Sennenkuss verabreicht.
110 Mitte	*Verzascatal*	Das ist genau das Tal, durch welches die Verzasca fliesst.
122 unten	*ringhörig*	schalldurchlässig.
122 unten	*Urner*	Urner sind bekanntlich Menschen, die die Gegend von Uri bewohnen, entfernte Verwandte des Wilhelm Tell.
124 Mitte	*«Und über den Gotthard ...»*	Gedichte soll man nicht übersetzen. Es geht ansonst ihr Schmelz verloren. Suchen Sie also selbst den Wortsinn, oder widmen Sie sich dem schönen Wortklang. Siehe im übrigen die nächste Anmerkung.
124 unten	*Bräme*	Bremse. Schlag sie tot, so du kannst. Bremse hat mithin nichts zu tun mit «Ich bremse, du bremsest ...»
125 Mitte	*Orischinal*	= Original.
127 unten	*entschlipften*	= ausrutschen.
128 oben	*Saladier*	Sogar die Franzosen benennen so die Salatschüssel.
130 Mitte	*Karambolasche*	= Sturz, Zusammenstoss.
131 unten	*niesse ohne uns nutz*	= geniesse es ohne uns.

132 Mitte	*Gilet*	Hat nichts zu tun mit der weltbekannten Rasierklinge. Gemeint ist vielmehr die Weste.
132 Mitte	*Vorscherm ... Scheiterbeige*	= Vordach, Holzstoss.
133 unten	*Rieders Ditschest*	= «Readers Digest – Das Beste», eine Zeitschrift.
140 Mitte	*Kolynos*	Schäumende, schmelzlösende und von vielen Ärzten empfohlene Zahnpasta.
141 unten	*Laubflecken*	Der Duden bleibt stumm. Mit dem andern Ausdruck «Leberflecken»: Ihnen wohl kaum gedient? So nehmen Sie das Wort ruhig als «Pickel» auf Nase und Gesicht.
142 unten	*blutt*	Nur für Erwachsene: Blutt heisst so viel wie: Nackt.
147 unten	*Schnellzähne*	Wer sie hat, der isst im Freien: Es sind vorstehende Zähne.
164 Mitte	*Commestibler*	Feinkosthändler.